Hans Schlotthauer, Christine Wolf

Prüfungswissen kompakt Kaufmann/Kauffrau im Groß- und Außenhandel

4. Auflage

Bestellnummer 27454

Bildungsverlag EINS

Haben Sie Anregungen oder Kritikpunkte zu diesem Produkt?
Dann senden Sie eine E-Mail an 27454_004@bv-1.de.
Autoren und Verlag freuen sich auf Ihre Rückmeldung.

www.bildungsverlag1.de

Bildungsverlag EINS GmbH
Hansestraße 115, 51149 Köln

ISBN 978-3-427-**27454**-4

Vorwort

Prüfungswissen kompakt für Kaufmann/Kauffrau im Groß- und Außenhandel hilft Ihnen kompetent bei der schnellen Prüfungsvorbereitung. Es liefert Ihnen eine strukturierte Übersicht über den aktuellen, prüfungsrelevanten Stoff und dient durch die Ergänzung eines detaillierten Sachwortverzeichnisses in der vierten Auflage optimal als Nachschlagewerk.

Der Titel gliedert sich in die drei Prüfungsbereiche Großhandelsgeschäfte, Kaufmännische Steuerung und Kontrolle, Organisation sowie Wirtschafts- und Sozialkunde. Jedem Kapitel innerhalb dieser Bereiche ist jeweils eine einleitende Übersichtsseite vorangestellt. Die grafische Aufbereitung dieser Übersichtsseiten verdeutlicht Abläufe und Zusammenhänge und bietet Ihnen die wichtigsten Lerninhalte auf einen Blick. Die einzelnen Lerninhalte finden Sie im jeweiligen Kapitel kurz und kompakt beschrieben.

Mit *Prüfungswissen kompakt für Kaufmann/Kauffrau im Groß- und Außenhandel* bereiten Sie sich nicht nur schnell und zielgerichtet auf Ihre Prüfung vor, sondern auch auf den Unterricht. Verwenden Sie den Titel zur gezielten Wiederholung einzelner Themen und eignen Sie sich dadurch ein fundiertes Wissen an.

Im Internet finden Sie unter BuchPlusWeb (vgl. Code auf der Umschlaginnenseite) eine digitale Lernkartei, in der wir einige Karten mit Begriffsdefinitionen beispielhaft für Sie angelegt haben und die Sie nach eigenem Bedarf selbstständig erweitern können. Näheres hierzu erfahren Sie im Programm selbst unter der Option „Hilfe".

Inhaltsverzeichnis

Großhandelsgeschäfte

1 Ausbildungsunternehmen Großhandel

Betriebsarten

Funktionen

Organisationsformen

- Aufbauorganisation
- Ablauforganisation

- Einliniensystem
- Mehrliniensystem
- Stab-Linien-System

- Arbeitssicherheit
- Umweltschutz

Kooperation

Zusammenarbeit mit
- Institutionen
- Organisationen
- Verbänden

- horizontale Kooperation
- vertikale Kooperation

1.1 Betriebsarten

Aufkaufgroßhandel	kauft kleine Mengen auf und verkauft große Mengen weiter
Produktionsverbindungshandel	kauft von Herstellern und verkauft an weiterverarbeitende Hersteller
Absatzgroßhandel	kauft große Mengen ein und verkauft in kleinen Mengen weiter
Zustellgroßhandel	organisiert zusätzlich den Transport zum Kunden
Cash & Carry	Kunde holt sich die Ware in Selbstbedienung ab und zahlt sofort

1.2 Funktionen

Raumüberbrückung	Verteilung der Ware vom Erzeugerort zum Verwenderort
Zeitüberbrückung	Lagerung und Verteilung der Ware von der Erzeugerzeit bis zur Verwenderzeit
Mengenausgleich	Einkauf von größeren Mengen und Verkauf kleinerer Mengen (oder umgekehrt)
Sortimentsbildung	Zusammenfassung unterschiedlicher Waren zu einem Sortiment
Veredelung	Lagerhaltung mit warengerechter Pflege führt zu einem höheren Wert der Waren oder erst zu deren Gebrauchsfertigkeit
Service	Beratung, Kundendienst, Gewährleistung, Einzelhandelsschulung usw.
Markterschließung	neue Absatzmärkte durch Werbung, Exportausdehnung und Produktdifferenzierung
Absatzfinanzierung	durch Kundenkredite (Zielzahlung) verschafft der Großhandel seinem Kunden zusätzliche Kaufkraft

1.3 Entscheidungsstrukturen

Ziel der Organisation ist ein reibungsloser Geschäftsablauf, die Steigerung der Wirtschaftlichkeit und die Optimierung der Arbeitsleistung.

Ablauforganisation

Voneinander abhängige Teilaufgaben werden zu einem Arbeitsablauf komprimiert.

Aufbauorganisation

In einem Organisationsplan (Organigramm) werden Unternehmensstrukturen wie Abteilungen und deren Aufgaben bestimmt. Dabei werden Gleichstellung der Aufgaben oder Über- und Unterordnung der Aufgaben festgelegt. Die Aufgabenverteilung kann funktionsbezogen (Beschaffung – Lagerung – Verkauf) oder produktbezogen nach Warengruppe vorgenommen werden.

Die kleinste Einheit der Aufbauorganisation ist eine Stelle. Sie beschreibt die auszuführenden Tätigkeiten an diesem Arbeitsplatz und die Anforderungen an den Stelleninhaber. Mehrere Stellen ergeben eine Abteilung als Instanz mit Einordnung in die Unternehmensstruktur durch Weisungs- und Unterschriftsbefugnis.

Einliniensystem

	Vorteile:	*Nachteile:*
Jede Stelle erhält Anweisungen nur von *einer* Instanz.	eindeutige Regelung und leichte Kontrolle	träge Informationswege und Überlastung der Führungsposition

Mehrliniensystem

	Vorteile:	*Nachteile:*
Eine Stelle erhält Anweisungen von *mehreren* Instanzen.	spezialisierte Führungspositionen sind weniger überlastet	Wichtigkeit der verschiedenen Anweisungen ist für den Stelleninhaber nicht immer überschaubar

Stab-Linien-System

	Vorteile:	*Nachteile:*
Das Einliniensystem wird um *Stabsstellen* ohne eigene Weisungsbefugnis erweitert.	Vorteile der beiden anderen Systeme werden vereint	erzeugt höhere Kosten, evtl. Konflikte zwischen Stabs- und Linienstelle

Arbeitssicherheit

Grundsätzlich hat der/die Arbeitgeber/-in die Verantwortung für den betrieblichen Arbeitsschutz. Die Arbeitnehmer/-innen unterstützen alle Maßnahmen zur Arbeitssicherheit und halten die Arbeitsschutz- und Unfallverhütungsvorschriften ein. In Betrieben mit mehr als 20 Beschäftigten ist ein Sicherheitsbeauftragter zu benennen. Er überwacht die Einhaltung

- des Arbeitsschutzgesetzes (z. B. Beurteilung der besonderen Gefahr von Arbeitsplätzen, Bereitstellen von persönlicher Schutzausrüstung),
- der Gewerbeordnung,
- der Unfallverhütungsvorschriften,
- der Gerätesicherung (ausschließliche Verwendung technischer Arbeitsmittel mit der CE-Kennzeichnung der EU-Maschinen-Richtlinien, darüber hinaus Geräte am besten mit dem GS-Zeichen nach technischer Prüfung durch eine unabhängige Stelle, wie BG-Prüfzert),
- der Richtlinien der Berufsgenossenschaften (z. B. der Regeln für die Standsicherheit von Regalen, der Regeln zur Stapelung von Gütern und der Regeln zum Umgang mit einem Gabelstapler),
- der Sicherheits- und Gesundheitskennzeichnung (Warnzeichen, Gebotszeichen, Verbotszeichen, Rettungszeichen).

Der Brandschutz fordert

- spezielle bauliche Ausstattungen wie Brandschutztüren, Feuerlöscher, Brandmelder, Sprinkleranlagen usw.,
- organisatorische Vorkehrungen wie Personalschulung zur Brandbekämpfung und Feueralarmübungen.

Umweltschutz

Wird erreicht durch Einhaltung

- des Wasserhaushaltsgesetzes (z. B. Lagerung von wassergefährdenden Stoffen in Auffangwannen, umweltgerechte Abwasserbeseitigung),
- des Emissionsschutzes (z. B. nur genehmigte Anlagen, die Emissionen ausstoßen, und Minimierung der Immissionen als Einwirkung auf die Umwelt),
- der Verpackungsverordnung (z. B. Vermeidung von zusätzlichen Umverpackungen wie Schachtel um Zahnpastatuben, Verkaufs- und Transportverpackungen als Mehrwegverpackungen mit Pfand benutzen),
- der Bestimmungen zur Abfallvermeidung, -verwertung und -entsorgung.

1.4 Zusammenarbeit mit Institutionen

Finanzamt	▪ Zahllast aus Umsatzsteuer ▪ einbehaltene Lohn-, Einkommen- und Kirchensteuer der Arbeitnehmer ▪ Grundsteuer ▪ Gewerbesteuer ▪ Kfz-Steuer ▪ bei Personengesellschaften: Einkommensteuer der Inhaber ▪ bei Kapitalgesellschaften: Körperschaftsteuer
Arbeitsagentur	▪ Suche nach Arbeitskräften ▪ Meldung von Kurzarbeit und witterungsbedingtem Arbeitsausfall
Sozialversicherungsträger	Anmeldung der Arbeitnehmer und Beitragszahlung bei: ▪ Krankenkasse ▪ Deutsche Rentenversicherung ▪ Bundesagentur für Arbeit ▪ Berufsgenossenschaft
Kommunalverwaltung	Beeinflussung der Standortfaktoren des Betriebes durch: ▪ behördliche Auflagen ▪ kommunale Steuern und Abgaben ▪ Subventionen ▪ die Verkehrsplanung der Gemeinde
Arbeitsgericht	regelt Streitigkeiten aus dem Arbeitsverhältnis zwischen Arbeitgeber und Arbeitnehmer

Industrie- und Handelskammern	▪ Absatzberatung ▪ Beratung zur beruflichen Bildung ▪ Beratung im Handelsrecht ▪ Außenhandelsförderung ▪ Schiedsstellen
Arbeitgeberverbände	Vertretung der Arbeitgeber gegenüber ▪ Regierung und Parlament ▪ Gewerkschaften ▪ Bundesbehörden und ▪ auf internationaler Ebene
Gewerkschaften	übernehmen die wirtschaftliche und soziale Interessenvertretung der Mitglieder gegenüber den Arbeitgebern

1.5 Kooperationsformen

Horizontale Kooperation mit anderen Großhändlern

Beschaffungskooperation

- gemeinschaftlicher Einkauf bei Herstellern
- Austausch von Fuhrparkkapazitäten
- Sortimentskooperation durch z. B. Querlieferungen beim Randsortiment

Lagerkooperation

- Austausch von Lagerkapazitäten
- gemeinsame Nutzung eines Warenwirtschaftssystems
- gemeinsames Zentrallager

Absatzkooperation

- Standortverbund, z. B. bei Großmärkten
- Gemeinschaftswerbung
- zentrale Rabatt- und Konditionenpolitik (muss beim Bundeskartellamt angemeldet werden)
- gemeinsame Erschließung ausländischer Märkte
- gemeinsame Absatzmarktforschung und Handelsmarken

Vertikale Kooperation mit Herstellern oder Einzelhändlern

Freiwillige Kette

Groß- und Einzelhandel einer Branche verfolgen eine gemeinsame Marktstrategie.

Franchising

Der *Franchise-Geber* übernimmt die Standortberatung, die Rentabilitätsberechnung und bestimmt das Sortiment. Er

- erlaubt dem Franchise-Nehmer das Nutzen von Marken und Warenzeichen,
- bietet Personalschulung und Verkaufsförderung,
- gewährt Standortschutz,
- stellt die Betriebseinrichtung bereit.

Der *Franchise-Nehmer*

- zahlt eine Einstandsgebühr,
- zahlt laufende Franchise-Gebühren,
- verpflichtet sich zur Abnahme bestimmter Waren,
- unterliegt der Weisungsbefugnis des Franchise-Gebers.

Werksvertretungen

Rechtlich selbstständige Großhändler sind wirtschaftlich von einem Hersteller abhängig, da sie überwiegend dessen Erzeugnisse verkaufen.

Vertriebsbindungen

Zwischen Hersteller und Händler bestehende Bindungsvereinbarungen:

- räumlich durch Gebietsschutz (z. B. Exportverbote)
- personell durch z. B. Direktlieferungsverbote an Endverbraucher
- zeitlich durch Beschränkung der Vertriebszeit (z. B. Auslaufmodelle)

Preis- und Konditionenbindungen (außer bei Verlagserzeugnissen) sind unwirksam.

2 Beschaffung

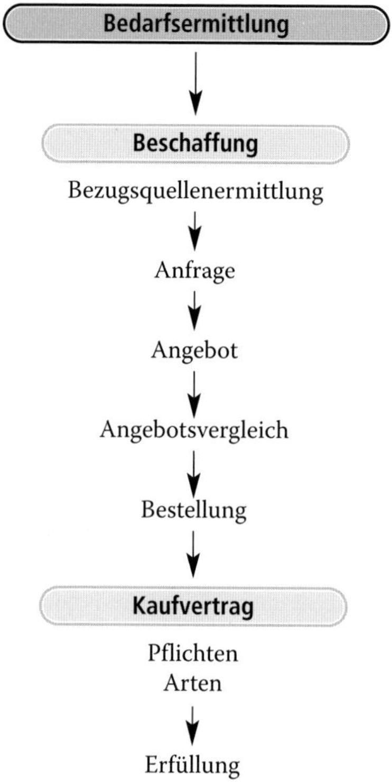

2.1 Bedarfsermittlung

Jegliche Einkaufsplanung beschäftigt sich mit der Lösung des Konflikts zwischen höchstmöglicher Lieferbereitschaft und geringstmöglichen Lagerkosten. Grundlage der Bedarfsermittlung:
- Umsatzstatistiken
- Lagerkennzahlen
- Markt- und Börsenberichte
- Konjunkturentwicklung
- Vertriebsanalyse

Mengenplanung

Geringe Bestellmengen verursachen zwar geringe Lagerkosten, aber hohe Beschaffungskosten.

optimale Bestellmenge = die Summe aus Lager- und Bestellkosten je Einheit ist am geringsten

Zeitplanung

Der optimale Bestellzeitpunkt soll gewährleisten, dass neue Ware genau dann eintrifft, wenn der Mindestbestand erreicht wird. Dies geschieht dadurch, dass bei Erreichen oder Unterschreiten des Meldebestandes bestellt wird.

Meldebestand = Mindestbestand + (Tagesabsatz · Lieferzeit)

Präferenzplanung

Auf die Artikel, die den größten Umsatzanteil bringen (Renner, Schnelldreher), soll bei der Beschaffungsplanung genau geachtet werden.
Die ABC-Analyse teilt das Sortiment in
- A-Artikel mit bis zu 80 % des Umsatzes,
- B-Artikel mit bis zu 15 % des Umsatzes,
- C-Artikel mit bis zu 5 % des Umsatzes.

Sortimentsplanung

Sortimentsbreite	Wie viele verschiedene Warengruppen sollen angeboten werden?
Sortimentstiefe	Wie viele unterschiedliche Sorten je Warengruppe sollen angeboten werden?

2.2 Bezugsquellenermittlung

Mögliche Lieferanten sollen für die Einkäufe herausgesucht werden:

Interne Ermittlung	Externe Ermittlung
durch Auswerten von: - Lieferantendateien - Artikeldateien - Berichten von Reisenden	- Adress- und Branchenbücher - Kataloge - Annoncen und Berichte in Fachzeitschriften - Messen und Ausstellungen - Internetrecherche

An potenzielle Lieferanten werden Anfragen gerichtet, um Informationen über Artikel, Liefermengen, Lieferzeit, Preise sowie Zahlungs- und Lieferbedingungen zu erhalten. Eine ***Anfrage*** ist ohne rechtliche Bindung und kann formlos erfolgen.

2.3 Angebot

Das Angebot ist eine ***verbindliche*** Willenserklärung, die an eine bestimmte Person gerichtet ist.
Freizeichnungsklauseln („unverbindlich", „solange Vorrat reicht" usw.) schließen diese Verbindlichkeit ganz oder teilweise aus. Die Verbindlichkeit erlischt nach einer abgelaufenen Befristung.
Ein Angebot ist so lange ***gültig***, wie unter verkehrsüblichen Umständen eine Antwort erwartet werden kann. Das Angebot kann widerrufen werden, wenn der ***Widerruf*** spätestens gleichzeitig mit dem Angebot eintrifft.

Angebotsinhalte

Preisbedingungen

Rabatt:	prozentualer Abzug vom Listeneinkaufspreis als Mengenrabatt, Treuerabatt, Wiederverkäuferrabatt, Naturalrabatt
Mindermengenzuschlag:	Aufpreis für Kleinbestellungen
Skonto:	Preisnachlass für rechtzeitige Zahlung innerhalb einer vorgegebenen Frist
Bonus:	wird erst nachträglich nach Erreichen einer vorgegebenen Umsatzhöhe innerhalb eines gewissen Zeitraumes gewährt

Zahlungsbedingungen

- Vorauszahlung oder Anzahlung bei Vertragsabschluss
- Barzahlung oder per Nachnahme bei Lieferung
- Zielzahlung

Lieferbedingungen

ab Werk	Der Käufer zahlt die gesamten Transportkosten.
unfrei	Der Käufer zahlt ab der ersten Versandstation.
frei	Der Käufer zahlt ab der Bestimmungsstation.
frei Haus	Der Verkäufer zahlt die gesamten Transportkosten.

Besonderheiten

Frachtbasis: Der Käufer zahlt ab dem genannten Ort die Frachtkosten unabhängig vom realen Versandort.

Frachtparität: Der Verkäufer zahlt bis zum genannten Ort die Frachtkosten unabhängig vom endgültigen Bestimmungsort.

Verpackungsbedingungen

- Pfandverpackung
- Preis einschließlich Verpackung
- Preis ausschließlich Verpackung
- Preis für Rohgewicht einschließlich Verpackung *(brutto für netto, die Tara wird zum Warenpreis gerechnet)*

Erfüllungsort

Vertraglich kann jeder Erfüllungsort vereinbart werden. Der gesetzliche Erfüllungsort ist für die Lieferung der Sitz des Verkäufers, für die Zahlung aber der Ort des Käufers, d. h. jeder der Vertragspartner hat **seine** Verpflichtung aus dem Kaufvertrag erfüllt, wenn er seine Leistung an **seinem** Ort erbringt.

Allgemeine Geschäftsbedingungen (AGB)

Die AGB sind vorformulierte Vertragsbedingungen und erleichtern Vertragsabschlüsse. Allgemein übliche Klauseln gelten vor den gesetzlichen Bestimmungen. Ungewöhnliche Klauseln oder solche, die den Kunden unangemessen benachteiligen, sind unwirksam. Grundsätzlich gilt bei zweiseitigen Handelskäufen zunächst die vertragliche Abmachung. Falls diese im Einzelfall nichts Genaues regelt, gelten die AGB und erst falls in beiden Fällen nichts erwähnt wird, gilt die gesetzliche Bestimmung.

2.4 Angebotsvergleich

Quantitativer Angebotsvergleich

Bezugskalkulation
Listenpreis
– Mengenrabatt
= Zieleinkaufspreis
– Skonto
= Bareinkaufspreis
+ Bezugskosten
= Bezugspreis (Einstandspreis)

Qualitativer Angebotsvergleich

Verglichen werden

- Lieferzeit und Lieferzuverlässigkeit,
- Produktqualität,
- Geschäftsbedingungen,
- Serviceangebote und Kulanzregelungen.

Folgt dem Angebot eine ***Bestellung***, so ist durch zwei übereinstimmende Willenserklärungen ein Kaufvertrag zustande gekommen. Weicht die Bestellung inhaltlich vom Angebot ab oder erfolgt zu spät, so gilt sie rechtlich als neuer Antrag. Dann kommt der Kaufvertrag erst durch eine Auftragsbestätigung als Annahme zustande.

2.5 Kaufvertrag

Kauf zur Probe	Kauf einer kleineren Menge, um die Ware auszuprobieren, in Aussicht auf größere Bestellungen
Kauf auf Probe	gesamter Kauf ist auf Probe, d. h. mit Rückgaberecht innerhalb einer bestimmten Zeit
Kauf nach Probe	kleinere Menge wird vom Lieferanten kostenlos in Erwartung einer größeren Bestellung zur Verfügung gestellt

Spezifikationskauf	Bestellung einer bestimmten Menge erfolgt zu feststehenden Konditionen, aber die äußere Eigenschaft der Ware wird später noch näher bestimmt (spezifiziert)
Fixkauf	Kauf zu einem festen (fixen) Liefertermin
Stückkauf	Kauf eines Originals, einer nicht vertretbaren Sache
Kauf auf Abruf	Kauf einer bestimmten Menge zu feststehenden Konditionen, wobei die Lieferung der Sendung auf Abruf des Käufers in Teillieferungen erfolgt
Streckengeschäft	Großhändler kauft vom Hersteller und verkauft z. B. an den Einzelhandel, die Lieferung jedoch erfolgt direkt vom Hersteller zum Einzelhändler

2.6 Vertragserfüllung

Der Verkäufer muss den Kaufvertrag erfüllen, indem er
- die Ware am vereinbarten Ort und zu der vereinbarten Zeit übergibt,
- das Eigentum der Ware an den Käufer überträgt,
- mangelfreie Ware liefert.

Der Käufer muss zur Vertragserfüllung
- die ordnungsgemäß gelieferte Ware abnehmen,
- den vereinbarten Betrag bezahlen.

Warenannahme

In Anwesenheit des Zustellers wird geprüft auf
- Lieferadresse,
- Anzahl der Packstücke,
- Unversehrtheit der äußerlichen Verpackung.

Anschließend wird die Warenkontrolle durchgeführt hinsichtlich Warenart, Qualität und Menge. Dabei helfen an der Ware aufgebrachte Barcodes wie die GTIN (Global Trade Item Number) oder angebrachte RFID-Tags (Radio Frequency Identification). Unverzüglich nach Erhalt der Ware muss auf offene Mängel hin geprüft werden, bei größeren Mengen genügen Stichproben.

Vertragserfüllungsstörungen

Schlechtleistung (mangelhafte Lieferung)

Mangelarten
- in der Menge (Quantität)
- Fehlen einer maßgeblichen Eigenschaft (Qualität)

- in der Beschaffenheit
- in der Art (Identität)

Gewährleistungsfristen

- bei Verbrauchsgüterkauf grundsätzlich zwei Jahre mit Beweislastumkehr innerhalb der ersten sechs Monate
- bei zweiseitigen Handelsgeschäften, offenen Mängeln und sofortiger Reklamation zwei Jahre ab Lieferung
- bei zweiseitigen Handelsgeschäften, versteckten Mängeln und sofortiger Reklamation unverzüglich nach Entdeckung zwei Jahre ab Lieferung

Rechte des Käufers

- vorrangiges Wahlrecht auf Nachbesserung oder Ersatz
- erst bei Scheitern der Nacherfüllung nachrangige Rechte auf Vertragsrücktritt, Minderung, Schadenersatz statt Leistung und Ersatz vergeblicher Aufwendungen

Nicht-Rechtzeitig-Lieferung (Lieferungsverzug)

Die Nicht-Rechtzeitig-Lieferung (Lieferungsverzug) tritt ein,

- wenn ein kalendermäßig bestimmbarer Liefertermin vorbei ist,
- bei Zweckkauf nach Ablauf des Zwecks,
- bei unbestimmtem Liefertermin durch Mahnung.

Rechte des Käufers

- sofort die Lieferung weiter zu fordern
- sofort Ersatz des Verzögerungsschadens zu verlangen, wenn der Verkäufer die Nicht-Rechtzeitig-Lieferung (Lieferungsverzug) verschuldet hat
- nach einer angemessenen Nachfrist vom Kaufvertrag zurückzutreten
- nach einer angemessenen Nachfrist Schadenersatz statt Leistung zu verlangen
- Ersatz vergeblicher Aufwendungen zu verlangen

Annahmeverzug

Wenn eine Lieferung fällig ist, tatsächlich angeboten wird und rechtzeitig und mangelfrei an den richtigen Ort geliefert wird und der Käufer die Ware nicht annimmt, so gerät er in Annahmeverzug.

Rechte des Verkäufers

- sofort auf Abnahme der Ware zu bestehen und diese auf Kosten des Käufers einzulagern

- sofort den Ersatz von Mehraufwendungen zu verlangen
- nach einer angemessenen Nachfrist einen Selbsthilfeverkauf vorzunehmen (Notverkäufe auch ohne Nachfrist)
- nach einer angemessenen Nachfrist vom Kaufvertrag zurückzutreten

Nicht-Rechtzeitig-Zahlung (Zahlungsverzug)

Es handelt sich um eine Nicht-Rechtzeitig-Zahlung (Zahlungsverzug),

- wenn der Käufer nicht zahlt und der kalendermäßig bestimmbare Zahlungstermin vorbei ist,
- wenn nach Erhalt der Rechnung 30 Tage vergangen sind und bei Fälligkeit,
- wenn eine Mahnung vorliegt.

Rechte des Verkäufers

- sofort auf die Zahlung zu bestehen
- sofort Verzögerungsschaden in Form von Verzugszinsen zu verlangen
- nach einer angemessenen Nachfrist vom Kaufvertrag zurückzutreten
- nach einer angemessenen Nachfrist Schadenersatz statt der Leistung zu verlangen
- Ersatz vergeblicher Aufwendungen geltend zu machen

Mahnverfahren

Das **kaufmännische Mahnverfahren** reicht von der ersten Zahlungserinnerung bis zur Mahnung mit Androhung gerichtlicher Schritte.

Das **gerichtliche Mahnverfahren:**

1. Antrag auf Mahnbescheid beim Amtsgericht
2. Zustellung des Mahnbescheides, Käufer reagiert nicht
3. Antrag auf Vollstreckungsbescheid
4. Zustellung des Vollstreckungsbescheides, Käufer reagiert nicht
5. Käufer kann jeweils Widerspruch einlegen
6. mündliche Verhandlung und gerichtliches Urteil
7. Zwangsvollstreckung und Pfändung
8. bei erfolgloser Pfändung eidesstattliche Versicherung und Eintrag in das Vermögensverzeichnis
9. bei erfolgreicher Pfändung Zwangsversteigerung

3 Lagerhaltung

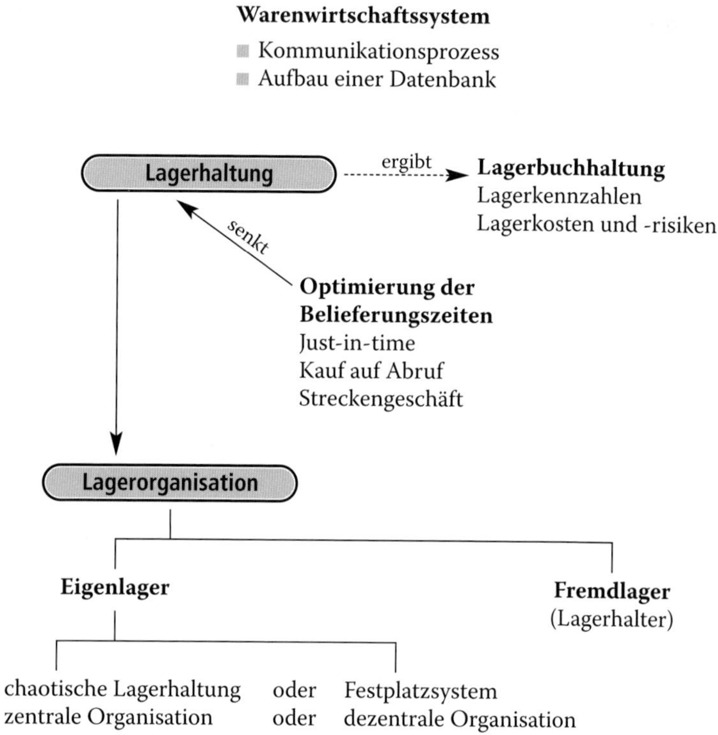

3.1 Warenwirtschaftssystem

Bei einem Warenwirtschaftssystem (WWS) benutzen verschiedene Abteilungen ein gemeinsames Datenbanksystem, um die termingerechte Auftragsabwicklung durch Optimierung der Arbeitsabläufe zu gewährleisten. Der schnelle ***Kommunikationsprozess*** der Abteilungen untereinander wird dadurch realisiert, dass die Daten nur einmal an ihrem Entstehungsort erfasst werden und dann allen Abteilungen in aktueller Version zur Verfügung stehen. Außerdem führt das WWS zur Kosteneinsparung durch die automatische Belegerstellung.

Begriffe zum Aufbau des Warenwirtschaftssystems

Daten	■ Stammdaten verändern sich selten ■ Bewegungsdaten verändern sich oft ■ Rechendaten dienen als Grundlage für Berechnungsvorgänge ■ Ordnungsdaten dienen der Informationsordnung
Datenfeld	zwei miteinander verknüpfte Daten, z. B. Kundennummer und Kundenname
Datensegment	mehrere Datenfelder, z. B. komplette Kundenadresse
Datensatz	mehrere Datensegmente, z. B. alle Informationen zu einem Kunden
Datei	mehrere Datensätze, z. B. alle Kunden in der Kundendatei
Warenwirtschaftssystem	alle Dateien zusammen, z. B. Kundendatei, Artikeldatei, Lagerbuchhaltung

3.2 Lagerbuchhaltung

Die Lagerbuchhaltung erfasst alle Zu- und Abgänge an Waren auf einem aktuellen Stand. Diese Informationen, eingebunden in ein Warenwirtschaftssystem, sind Grundlage für die Analyse im Controlling und die Planung seitens der Geschäftsleitung.

Das Modell der Lagerbestandsgrößen hilft, Bestellmengen und Bestellrhythmus für einen Artikel zu bestimmen:

- *Mindestbestand* (Sicherheitsbestand) in Abhängigkeit von der durchschnittlichen Absatzmenge je Tag

- *Höchstbestand* in Abhängigkeit von der Lagerkapazität und den Einkaufsbedingungen
- *Meldebestand* (Mindestbestand + Lieferzeit · durchschnittliche Absatzmenge je Tag)
- *Bestellrhythmus* ergibt sich durch zeitlichen Abstand zwischen zwei erreichten Meldebeständen

Lagerkennzahlen

Wareneinsatz (jährlich verkaufte Menge zu Bezugspreisen)	wird aus dem Wareneingangskonto des Artikels als Saldo ersichtlich und beziffert die notwendigen Aufwendungen für das gesamte Jahr
durchschnittlicher Lagerbestand (Anfangsbestand + 12 Monatsendbestände : 13)	zeigt (wenn er mit dem Bezugspreis malgenommen wird) den Kapitalbedarf für diesen Artikel an, der durchschnittlich im Lager gebunden ist
Umschlaghäufigkeit (Wareneinsatz : durchschnittlicher Lagerbestand)	Beurteilung der Lagereffektivität: steigt die Umschlaghäufigkeit, so konnte man entweder mehr verkaufen oder bei gleichem Verkauf geringere Lagerbestände halten und damit Kosten sparen
durchschnittliche Lagerdauer (360 : Umschlagshäufigkeit)	unterscheidet Renner von Ladenhütern
Lagerzinssatz (Lagerdauer · Kapitalmarktzins : 360)	ermöglicht Berechnung der Lagerzinsen (Wareneinsatz · Lagerzinssatz) als kalkulatorische Kosten; dadurch, dass Kapital in den Warenvorräten gebunden wurde, verliert das Unternehmen quasi Zinsen, die es bei einer Finanzanlage auf dasselbe Kapital bekommen hätte

Lagerrisiken

Lagerhaltung ist mit Risiken wie Verderb, Schwund, Brand- und Wasserschäden an der Ware und allgemeinen Risiken wie technische Überalterung, Modewechsel und schlechte Absatzlage verbunden. Diese Lagerrisiken können durch

- sorgfältige Warenpflege,
- eine vorsichtige Beschaffungsplanung,

- warengerechte Lagerhaltung,
- den Abschluss einer Lagerversicherung

gemildert werden. Die Versicherungssumme sollte dem echten Versicherungswert der gelagerten Ware entsprechen, um die Gefahr der Unterversicherung abzuwenden. Bei einer Unterversicherung werden Schäden nur zu dem prozentualen Anteil von der Versicherung ersetzt, den die Versicherungssumme am Versicherungswert hat, selbst wenn der Schaden insgesamt niedriger als die Versicherungssumme liegt.

Lagerkosten

Lagerhaltung verursacht fixe Lagerkosten, die unabhängig vom Beschäftigungsgrad (Absatz) sind, wie Personalkosten, Abschreibung der Lagereinrichtung oder Lagerversicherung, und variable Lagerkosten, wie z.B. Strom für Kühlvorrichtungen, die mit dem Beschäftigungsgrad steigen.

3.3 Optimierung der Belieferungszeiten

DV-gestützte Auftragsbearbeitung und Lagerorganisation im Warenwirtschaftssystem sowie die Möglichkeiten der modernen Bürokommunikation und die Nutzung flexibler Transportsysteme können die Notwendigkeit der Lagerhaltung und damit deren Kosten minimieren.

Just-in-time-Belieferung

Die Ware soll genau dann eintreffen, wenn sie zum Weiterverkauf benötigt wird. Ein Teil der Lagerhaltung wird so an die Transportmittel weitergegeben, allerdings erhöht sich die Abhängigkeit von der Zuverlässigkeit der Lieferanten. Einige Kunden erwarten vom Großhandel die Just-in-time-Belieferung, um ihre Lagerflächen und Lagerkosten so gering wie möglich zu halten, was für den Großhandel ein logistisches Problem bedeutet, da Lieferanten bevorzugt große Mengen liefern, während die Kunden häufig kleine Mengen beziehen möchten.

Kauf auf Abruf

Die Einkaufsvorteile großer Bestellmengen lassen sich nutzen, ohne dass sich der durchschnittliche Lagerbestand erhöht. Die Ware verbleibt zunächst beim Lieferanten und wird in kleinen Mengen immer dann abgerufen, wenn sie benötigt wird. Lagerkosten und Lagerrisiken verbleiben so beim Lieferanten.

Streckengeschäft

Die Lagerhaltung wird nahezu überflüssig, da hier der Großhandel die Ware direkt durch den Hersteller an seine Kunden ausliefern lässt. Nur wenn der Großhandel durch Know-how und Beziehungen überzeugen kann, ist der Kunde bereit, die Gewinnspanne des Großhändlers zu bezahlen und sich nicht gleich selbst an den Hersteller zu wenden.

3.4 Fremdlager

Grundsätzlich lohnt sich die Eigenlagerung immer dann, wenn große Mengen Waren gelagert werden und sich so die fixen Lagergemeinkosten als anteilig niedrige Stückkosten in den Handlungsgemeinkostenzuschlag der Artikel einkalkulieren lassen. Die komplette Fremdlagerung und damit der Verzicht auf ein eigenes Lager sind selten anzutreffen, da der direkte Kundenkontakt darunter leidet. Häufig werden zusätzlich zur Eigenlagerung die Dienste eines ***Lagerhalters*** in Anspruch genommen, wenn

- kurzfristig durch besonders günstige Einkaufsbedingungen große Mengen zu lagern sind,
- Waren des Randsortiments eine spezielle Lagerung benötigen (und sich die Investition in ein Speziallager wegen der geringen Menge nicht lohnt),
- sich Standortvorteile wegen der Nähe des Fremdlagers zu Kunden oder Umschlagplätzen ergeben (Lager an Häfen und Güterbahnhöfen),
- beim Import über die weitere Verwendung der Ware noch nicht entschieden ist und der Importzoll zunächst eingespart werden soll (Zolllager).

Lagerhalter nach §§ 467 ff. HGB ist, wer gewerbsmäßig die Lagerung von Gütern übernimmt und sich durch den Lagervertrag verpflichtet, das Gut aufzubewahren.

Pflichten des Lagerhalters:

- Haftung (für Verlust oder Beschädigung der Ware)
- Versicherung (auf Wunsch des Einlagerers)
- Benachrichtigung des Einlagerers (falls Veränderungen an der Ware auftreten)
- Zulassen der Besichtigung durch den Einlagerer während der Geschäftszeit
- Quittieren der Einlagerung auf einem Lagerschein

Rechte des Lagerhalters:

- Anspruch auf Vergütung und Aufwendungsersatz
- gesetzliches Pfandrecht an der eingelagerten Ware bis zur Tilgung aller Aufwendungen durch den Einlagerer
- Kündigungsrecht nach Ablauf der vereinbarten Lagerzeit
- Möglichkeit des Selbsthilfeverkaufs nach vorheriger Androhung

Über die Verpflichtung zur Herausgabe des Lagerguts stellt der Lagerhalter einen ***Lagerschein*** aus, der als Warenwertpapier das Eigentum an der Ware anzeigt und per Indossament übertragbar ist. So kann der Eigentümer die Ware durch Indossieren des Lagerscheines verkaufen, ohne dass die Ware bewegt werden muss.

3.5 Eigenlager

Festplatzsystem

- Jede Ware hat ihren festen Stammplatz.
- Das Kommissionieren (Zusammenstellen der Sendungen für den Warenausgang) erfolgt mithilfe des Lagerplans (zeigt an, wo was liegt) und der Lagerplatznummer (z.B. Gangreihe, Regalnummer, Regaletage) oder eines maschinenlesbaren Barcodes als Verschlüsselung des Lagerplatzes.

Diese Art der Lagerorganisation ist übersichtlich, erfordert aber umfangreichen Lagerplatz (auch Artikel mit geringen Lagermengen haben einen Stammplatz) und wegen der längeren Laufzeiten von Gang zu Gang eine längere Arbeitszeit je Kommissioniervorgang, selbst wenn nicht auftragsorientiert nacheinander, sondern serienorientiert nach Lagerzonen kommissioniert wird. Diese Laufzeiten können durch die Kommissioniereinrichtung ***„Ware zum Mann“*** (Umlauflager) statt ***„Mann zur Ware“*** (Kommissionierer läuft zu den Lagerorten) zwar verkürzt werden, was aber eine nicht unerhebliche Investition in eine entsprechende Lagereinrichtung voraussetzt.

Chaotische Lagerhaltung

- Jede einzulagernde Ware bekommt computergesteuert einen gerade freien Platz zugewiesen.
- In einem Regal liegen dann verschiedene Artikelgruppen „chaotisch“ nebeneinander.
- Die Gesamtlagerfläche wird optimal ausgenutzt.

Beim ***Kommissionieren*** wird die Lagerplatznummer des Artikels vom Computer auf dem ***Lieferschein*** als Kommissionierunterlage (oder Materialentnahmeschein, Packzettel, Pickzettel usw.) ausgedruckt. Vom Lagerverwaltungsprogramm werden Entnahmekriterien berücksichtigt:

- „Fifo“ (First in – First out/Erstauslagerung älterer Ware)
- „Lifo“ (Last in – First out; für Schüttgüter u. Ä. ohne Überalterungsgefahr)
- „Hifo“ (Highest in – First out; für Waren mit starken Bezugspreisschwankungen)

Voraussetzung für die chaotische Lagerhaltung ist die computergesteuerte Lagerplatzverwaltung; darüber hinaus ist sie häufig mit der Einrichtung eines ***Hochregallagers*** verbunden, dessen große Lagerkapazität durch vollautomatisch gesteuerte Regalförderfahrzeuge zur Ein- und Auslagerung kostengünstig genutzt wird. Ebenso ist aber bei eingeschossigen Lägern und Stapellägern mit manueller Entnahme die chaotische Lagerhaltung anwendbar.

Zentrale Organisation

- **ein** Hauptlager am Firmenstandort
- vorteilhaft, wenn der Firmenstandort verkehrstechnisch gut angebunden ist (Nähe zu Flugplatz, Autobahn, Güterbahnhof usw.)

Dezentrale Organisation

- verschiedene Auslieferungslager
- mehr Absatznähe zum Kunden
- höhere Investitionen oder Lagermieten
- höherer Lagerbestand, da Artikel des Kernsortiments in allen Auslieferungslagern gehalten werden

Ein **offenes Lager** im Freien oder lediglich überdacht ist kostengünstiger als ein **geschlossenes Lager**, bietet jedoch keinen Schutz vor Witterungseinflüssen und ist nur für wenige Warengruppen geeignet.

Bei der Organisation des eigenen Lagers und des Warenausgangs sind erforderliche Warenkenntnisse (z. B. für die Notwendigkeit spezieller Lagerorte zur Kühlung der Waren, zur Reife oder Veredelung) zu beachten. Die Verpackungsverordnung besagt, dass Abfälle aus Verpackungen möglichst zu vermeiden und Verpackungen aus umweltverträglichen Materialien zu bevorzugen sind. Als Transportverpackung bieten sich Mehrweg- oder Pendelverpackungen wie Europaletten, Collicos, Zack-Klapp-Faltboxen usw. an, die

berechnet (Pfand) oder unberechnet für viele Lager- und Transportvorgänge genutzt werden können.
Beim Verpacken der Kommissionen und der Verpackung und Belabelung für den Transport sollten zum Schutz der Ware Verpackungssymbole („Hier oben", „Vorsicht zerbrechlich" usw.) und Warn- und Hinweiszeichen zum Schutz der Transporteure angebracht werden (Warnung vor feuergefährlichen Stoffen, vor Handverletzungen usw.).
Gefährliche Güter, von denen beim Lagern, Ein- und Auspacken und bei der Beförderung Gefahren für Mensch und Umwelt ausgehen, sind in der ***Gefahrstoffverordnung*** aufgelistet und in neun Gefahrgutklassen eingeteilt. Bei deren Transport sind u. a. die Bestimmungen der GGVSEB (Gefahrgutverordnung Straße, Eisenbahn und Binnenschifffahrt) zu beachten, die regeln, welche Güter überhaupt, welche miteinander und mit welchen besonderen Maßnahmen befördert werden dürfen.

Für den internationalen Transport gelten die Gefahrgutregelungen:
- ADR – Straße
- RID – Schiene
- ADNR und IMGG – Wasser
- IATA-DGR – Luft

4 Marketing (Verkauf)

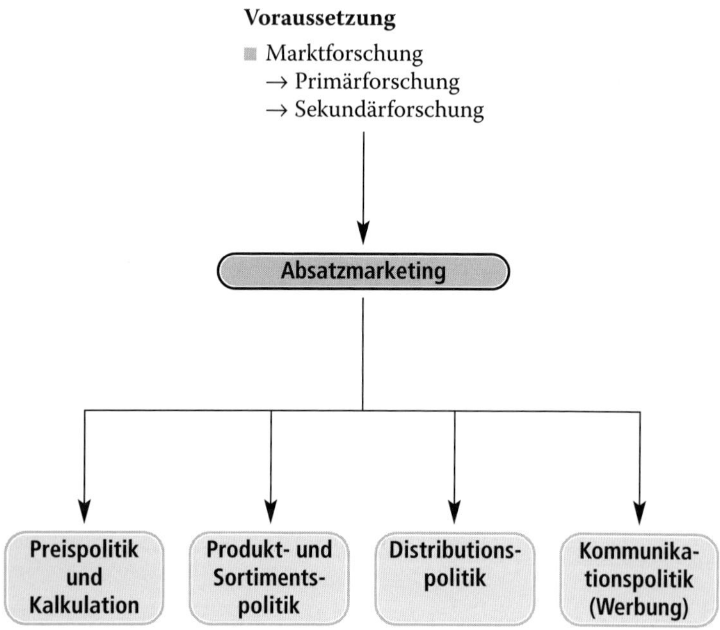

4.1 Marktforschung

Die Marktforschung dient der Informationsgewinnung über
- den Bedarf (Konsumentenverhalten, Kaufkraft, Marktsegmentierung),
- die Mitbewerber (Anzahl, Marktanteil, Marktstrategie),
- die Absatzmöglichkeiten (Bekanntheitsgrad, Marktdurchdringung).

Arten der Marktforschung

Primärforschung	■ Erhebung neuer Daten unmittelbar am Markt als Field Research ■ Befragung, Interview, Panel u. a. ■ aufwendig und oft an Marktforschungsinstitute delegiert
Sekundärforschung	■ Desk Research mit *vorhandenen eigenen* Daten ■ Daten aus dem eigenen WWS, Pressemitteilungen, Berichte von Reisenden, Veröffentlichungen usw. ■ weniger aktuell und aussagekräftig als die Primärforschung
Marktbeobachtung	längerfristige, zeitraumbezogene Marktforschung mit dem Ziel, Entwicklungstendenzen und Trends zu verfolgen
Marktanalyse	eine auf einen Zeitpunkt bezogene Marktforschung zur Istanalyse
Marktprognose	als Ergebnis von Marktbeobachtung und -analyse der Versuch einer begründeten Vorhersage über zukünftige Marktentwicklung und Absatzchancen

4.2 Preispolitik/Kalkulation

Preisdifferenzierung

Das Wesen der Preisdifferenzierung besteht darin, Waren ***gleicher*** Art zu ***unterschiedlichen*** Preisen zu verkaufen, um einen möglichst hohen Umsatz zu erzielen. Zu unterscheiden sind:
- zeitliche Preisdifferenzierung, z.B. bei Winterkleidung
- räumliche/regionale Preisdifferenzierung, z.B. Hotelpreise an verschiedenen Standorten
- Dumping als Extremform der räumlichen Preisdifferenzierung, um neue Märkte zu erschließen oder den Marktanteil zu erhöhen; Verkauf zur Preisuntergrenze
- Preisdifferenzierung nach Käuferschichten, um verschiedene Zielgruppen mit einem jeweils leicht abgewandelten Produkt anzusprechen

- Preisdifferenzierung nach Absatzmenge durch Mengenrabatte, Mindestabnahmemengen oder Mindermengenzuschläge und Frankogrenzen
- persönliche Preisdifferenzierung als Sonderpreise für unterschiedliche Bevölkerungsgruppen, z.B. verbilligte Eintrittspreise für Rentner und Rentnerinnen
- verwendungsbedingte Preisdifferenzierung nach Zweck, z.B. Stromtarife für Industrie und Haushalt

Zur Konditionenpolitik siehe Angebotsinhalte in Kapitel 2.3

Kalkulation

Kalkulationsschema Verkaufskalkulation

Einkauf	Listeneinkaufspreis (netto) – Lieferrabatt
	= Zieleinkaufspreis – Lieferskonto
	= Bareinkaufspreis + Bezugskosten
	= Bezugspreis (Einstandspreis)
Verkauf	+ Handlungsgemeinkosten
	= Selbstkostenpreis + Gewinn
	= Barverkaufspreis + Kundenskonto + Vertreterprovision
	= Zielverkaufspreis + Kundenrabatt
	= Listenverkaufspreis, netto

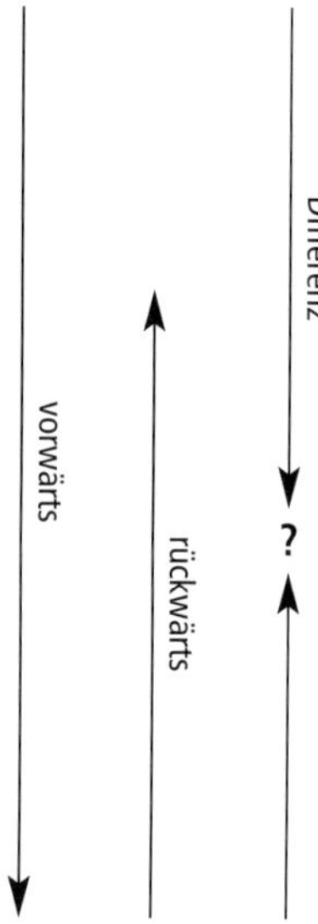

Vorwärts ohne Beschränkungen kann nur der Monopolist kalkulieren, da er Mengenanpasser und Preisfixierer ist.
Die wirtschaftliche Situation bedingt aber beim Oligopolisten starken Konkurrenzdruck. Diesen Druck kann er an den Lieferanten weitergeben, indem er ***rückwärts*** kalkuliert und den höchstmöglichen Bezugspreis bestimmt.

Wenn sowohl der Kunde als auch der Lieferant Preisdruck ausüben, ermittelt der Oligopolist mit der ***Differenzkalkulation***, ob sich das Geschäft überhaupt für ihn lohnt.

Verkürzte Kalkulation

Da sich im laufenden Geschäftsjahr die Bestandteile der Verkaufskalkulation ab Bezugspreis je Artikel selten ändern, wird nach einmaligem Durchkalkulieren die Kalkulation vereinfacht:

Verkürzt vorwärts:

$$\textbf{Kalkulationszuschlag} = \frac{100 \cdot (\text{LVP} - \text{Bezugspreis})}{\text{Bezugspreis}}$$

$$\textbf{Kalkulationsfaktor} = \frac{\text{Listenverkaufspreis}}{\text{Bezugspreis}}$$

Verkürzt rückwärts:

$$\textbf{Handelsspanne} = \frac{100 \cdot (\text{LVP} - \text{Bezugspreis})}{\text{Listenverkaufspreis}}$$

4.3 Sortimentspolitik

Product Range
Sortiment (Handel)
Produktprogramm (Industrie)

Tiefes Sortiment
- viele Produkte innerhalb einer Warengruppe/Produktlinie (Fachgeschäfte)
- Abweichungen vom standardisierten Programm werden angeboten
- oft eng durch Beschränkung auf eine Branche

Breites Sortiment
- große Anzahl an angebotenen Warengruppen/Produktlinien
- breit durch Vielzahl an Artikelgruppen (Supermärkte, Warenhäuser), aber rationell durch Standardprogramm
- oft flach durch mangelnde Möglichkeiten der Vertiefung

Wachstumschancen durch Sortimentspolitik

Marktentwicklung (Markterweiterung)
- Neue Märkte werden für vorhandene Produkte gesucht. (Teehandel exportiert neu nach Spanien)

Produktdiversifikation
- Verbreiterung des Sortiments durch Aufnahme andersartiger Artikel oder neuer Produktionsprogramme (Marktanteile, Absatzrisiko, Kapazitäten)

Produktdifferenzierung
- Vertiefung des Sortiments durch Varianten des Programms (Teehandel nimmt neuen ökologischen Tee in das Sortiment)

***Horizontale* Diversifikation**

Verkauf eines neuen Artikels an gleichen Kundenkreis

(Teehandel – Teekannen)

***Vertikale* Diversifikation**

(Fertigungstiefe) Produktion und Verkauf auf anderen Produktionsstufen

(Vorstufe: Teehandel – Teegärten

Nachstufe: Teehandel – Teestuben)

***Laterale* Diversifikation**

kein Zusammenhang zwischen bisherigen und neuen Produkten

(Teehandel – Reederei)

4.4 Produktpolitik

Veränderungen in der Nachfrage beeinflussen den Lebenszyklus eines Produktes und die entsprechend den Phasen anzuwendenden Methoden:

Zielsetzungen vor dem/im Lebenszyklus	*Methoden dazu*
Produktidee entwickeln ↓	■ Brainstorming ■ Brainwriting (635) usw.
Wirtschaftlichkeitsanalyse durchführen ↓	■ Bestimmung, ob Marken-/Me-too-/No-Name-Produkt ■ Scoring-Modelle ■ Deckungsbeitrag, Break-even-Point, Amortisation
Produkttests und Produktentwicklung ↓	■ Produktpositionierung ■ Verpackung ■ Produktgestaltung ■ Grund- und Zusatznutzen (Haupt- und Nebenfunktionen)
Einführung auf Testmarkt ↓	Versuchsmärkte: ■ regional/nach Absatzgebieten ■ personell nach Zielgruppen ■ funktionsorientiert nach Anwendern
Markteinführung mit Marketing-Mix ↓	optimale Kombination der Marketinginstrumente: ■ Preispolitik ■ Kommunikationspolitik ■ Distributionspolitik ■ Produkt- und Sortimentspolitik
Relaunch vor der Sättigungsphase ↓	Produktvariation und Produktmodifikation (Änderung des Produktäußeren durch z. B. Verpackungsgrößen)
Eliminierung bei Degeneration	Herausnahme des Artikels aus dem Sortiment

4.5 Distributionspolitik

Vertriebswege zum Endverbraucher

Direkter betriebseigener Absatz

- im Handel über Verkaufsfilialen und eigene Auslieferungsläger
- in der Industrie über Factory-Outlets
- über eigene Handelsreisende als kaufmännische Angestellte (Außendienstmitarbeiter)
- im Rack-Jobber-System (Service Merchandising) als Regalmiete beim Einzelhändler

Indirekter betriebsfremder Absatz

- des Großhandels über Einzelhändler
- der Industrie über Großhändler
- über selbstständige Absatzmittler wie Handelsvertreter, Kommissionäre und Handelsmakler
- durch Franchising

Die Absatzmittler

Der Handlungsreisende

- ist Angestellter mit Handlungsvollmacht (Arbeitsvertrag),
- arbeitet im Namen und auf Rechnung des Arbeitgebers,
- hat übliche Arbeitnehmerrechte und das Recht auf Fixum, Spesen, Umsatzprovision,
- darf keine anderen Firmen vertreten, denn es besteht Wettbewerbsverbot.

Der Handelsvertreter

- ist selbstständig und vermittelt und schließt Geschäfte ab (Agenturvertrag),
- wird im fremden Namen auf fremde Rechnung tätig,
- hat Rechte auf Abrechnung, Auskunft, Umsatzprovision, Inkassoprovision, Delkredereprovision und einen Ausgleichsanspruch bei Ausscheiden,
- darf keine direkten Konkurrenzartikel vertreten und hat Bemühungs- und Benachrichtigungspflicht.

Ob sich der Einsatz eines Reisenden oder eines Vertreters eher lohnt, hängt von der Umsatzhöhe ab. Je höher der Umsatz, desto eher lohnt sich der Einsatz eines Reisenden trotz des Fixums.

Der Kommissionär

- ist selbstständig und verkauft für den Auftraggeber (Kommittenten) laut Kommissionsvertrag,
- wird im eigenen Namen auf fremde Rechnung tätig,
- hat ein gesetzliches Pfandrecht, Recht auf Aufwendungsersatz, auf Provision und das Selbsteintrittsrecht (kann selbst durch Kauf Eigentümer der Ware werden),
- hat eine Anzeigepflicht und haftet bei Verlust oder Beschädigung.

Der Handelsmakler

- ist selbstständig und vermittelt nur von Fall zu Fall,
- wird im fremden Namen auf fremde Rechnung tätig,
- erhält die Courtage (Maklerlohn) je zur Hälfte von den Vertragspartnern,
- hat die Pflicht zur Beurkundung in einer Schlussnote und eine Selbsteintrittspflicht, wenn einer der Partner abspringt.

4.6 Kommunikationspolitik (Werbung)

Stufen der Werbung

A = Attention (Aufmerksamkeit erzeugen)
I = Interest (Interesse wecken)
D = Desire (Wunsch nach dem Produkt erregen)
A = Action (zum Kauf des Produktes führen)

Werbegrundsätze

- Wirksamkeit (orientiert an Kundenwünschen)
- Klarheit (sachliche Richtigkeit der Information)
- Wirtschaftlichkeit (Werbeerfolg muss messbar sein)

Werbearten

Individualwerbung:	Ein Unternehmen wirbt für ein Produkt.
Sammelwerbung:	Mehrere Unternehmen werben z.B. für eine Dienstleistung (Hotels in einer Stadt).
Gemeinschaftswerbung:	Branchengleiche Unternehmen werben für die Gesamtbranche.

Werbeplanung

Streugebiet	Region, in der geworben wird
Streuzeit	Werbezeit und Zeitraum
Streukreis	Zielgruppe
Werbemittel	Anzeigen, Fernsehspots usw.
Werbeträger	Zeitschrift, Fernsehsender usw.
Werbeetat	festgelegtes finanzielles Budget
Werbeerfolg	Umsatzzuwachs: Werbungskosten

Andere Formen der Kommunikationspolitik

- Public Relations (Öffentlichkeitsarbeit) sollen das Image des Unternehmens verbessern
- Verkaufsförderung (Sales Promotion) ist produktbezogene, gezielte, kurzfristig zu erreichende Absatzförderung beim Verbraucher (Point-of-Sale-Material, Preisausschreiben, Kundenkarten usw.), bei den eigenen Mitarbeiter/-innen (Schulung, Aktionsprämien, Incentives) und bei Absatzmittlern als Multiplikatoreneinsatz
- Eventorganisation und Sponsoring

Unlauterer Wettbewerb

- Irreführungsverbot für Werbung
- Verunglimpfungsverbot gegen Mitbewerber
- vergleichende Werbung nur bei wesentlichen, relevanten und nachprüfbaren Eigenschaften des Produktes
- vergleichende Werbung nur bei Leistungen, die für den gleichen Zweck gedacht sind

5 Versand

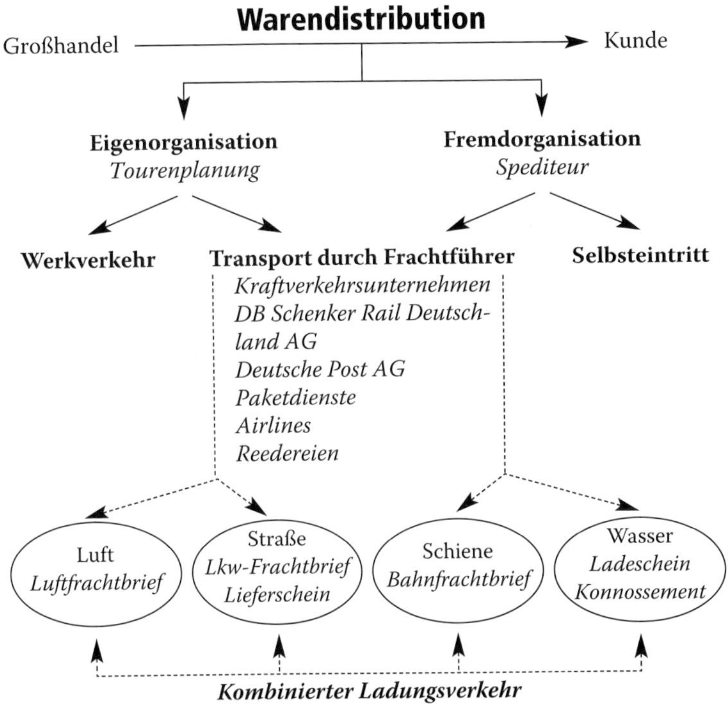
Warendistribution
Großhandel
Kunde
Eigenorganisation
Tourenplanung
Fremdorganisation
Spediteur
Werkverkehr
Transport durch Frachtführer
Kraftverkehrsunternehmen
DB Schenker Rail Deutschland AG
Deutsche Post AG
Paketdienste
Airlines
Reedereien
Selbsteintritt
Luft
Luftfrachtbrief
Straße
Lkw-Frachtbrief
Lieferschein
Schiene
Bahnfrachtbrief
Wasser
Ladeschein
Konnossement
Kombinierter Ladungsverkehr

5.1 Eigenorganisation

Eigenorganisation des Versands bedeutet, in einen Fuhrpark zu investieren und mit diesem prinzipiell im ***Werkverkehr*** zu versenden; nur in Ausnahmefällen werden zusätzlich Frachtverträge für den Fremdtransport abgeschlossen. Die Entscheidung über die Nutzung des eigenen Fuhrparks oder die Beauftragung von Frachtführern fällt bei der ***Tourenplanung***, die im günstigsten Falle mit dem Warenwirtschaftssystem verknüpft ist. Eine optimale computergesteuerte Tourenplanung beachtet:

- Kundendaten (z. B. Entfernung, gewünschte Anlieferungszeit)
- Auftragsdaten (z. B. Mengen, Verpackung, Besonderheiten der Sendung)
- Fahrzeugdaten (z. B. Ladekapazitäten, Zugänglichkeit des Stauraums)
- Personendaten (z. B. Arbeitszeit der Fahrer, Pausen)
- Streckendaten (z. B. Länge der Strecke, Fahrzeit)

Nach der fertigen Tourenplanung werden die Lkws zuerst mit der Sendung beladen, die als Letztes wieder ausgeladen wird. Als Versandpapier wird im Werkverkehr der Lieferschein verwendet.

Nach dem ***Güterkraftverkehrsgesetz*** muss der Betrieb im Werkverkehr beim Bundesamt für Güterverkehr angemeldet werden, er ist jedoch nicht erlaubnispflichtig. Ein Nachteil: durch das im Güterkraftverkehrsgesetz geregelte Verbot der Mitnahme von Gütern für Dritte ergeben sich Leerfahrten (Rückfahrt) und damit eine erhöhte Umwelt- und Verkehrsbelastung. Da der Werkverkehr neben der Investition in die Fahrzeuge und die Stellplätze hohe Kosten verursacht, beispielsweise für Personal, Unterhalt der Fahrzeuge oder Abschreibungen, lohnt er sich erst bei hohen Umsatzzahlen; der Fuhrpark muss zudem ständig ausgelastet sein. Selbst dann ist zu bedenken, dass

- das Transport- und Versicherungsrisiko beim Großhändler verbleibt,
- die Personalkosten als fixe Kosten auch bei geringerem Beschäftigungsgrad anfallen.

Allerdings haben die eigenen Fahrer direkten Kundenkontakt, auf Reklamationen und Kundenwünsche kann schneller reagiert und weitere Verkaufsmöglichkeiten können erkundet werden, was wiederum zur Verkaufsförderung beiträgt. Die Lkws können durch Werbeaufschriften außerdem als Werbeträger genutzt werden.

5.2 Fremdorganisation

Viele Großhändler überlassen den Gütertransport der Fremdorganisation eines ***Spediteurs***, der

- gewerbsmäßig Güterversendungen durch Frachtführer für Rechnung des Versenders im eigenen Namen besorgt,
- den Transport im Interesse des Auftraggebers organisiert,
- dessen Weisungen befolgt,
- das Transportrisiko trägt (Haftung), außer bei durch Versäumnisse des Versenders entstandenen Schäden.

Dafür

- erhält er eine Vergütung,
- hat er andernfalls ein Pfandrecht an den Gütern in Höhe seiner aus dem Speditionsvertrag entstandenen Forderungen,
- unterhält er meist einen eigenen Fuhrpark und hat das Recht, die Sendungen mit eigenen Lkws im ***Selbsteintritt*** zu transportieren.

In diesem Fall erhalten Spediteure neben der Vergütung auch die Fracht für den Transport, da sie Spediteur und Frachtführer zugleich sind. Oft übernehmen Spediteure auch Lagerfunktionen, organisieren Transportketten mit verschiedenen Verkehrsträgern und erledigen das Ausstellen von Dokumenten sowie die Zollabwicklung.

Alternativ beauftragen die Spediteure mit Frachtvertrag den Transport durch verschiedene Frachtführer. Transportpapier bei Speditionen ist der Speditionsauftrag, der Auftraggeber erhält eine Speditionsübernahmebescheinigung.

5.3 Verschiedene Frachtführer

Frachtführer ist derjenige, der das Gut zum Bestimmungsort befördert und dort an den Empfänger abliefert. Der Frachtvertrag wird zwischen dem Spediteur und dem Frachtführer oder zwischen dem Versender und dem Frachtführer direkt geschlossen. Für das ordnungsgemäße Durchführen des Transports erhält der Frachtführer

- das Frachtentgelt
- oder hat andernfalls ein Pfandrecht an den Gütern in Höhe seiner aus dem Frachtvertrag entstandenen Forderungen.

Grundlagen für die Frachtberechnung sind das Bruttogewicht der Sendung, die Entfernung und besondere Beförderungsleistungen wie z. B. erhöhte Schnelligkeit.

Kraftverkehrsunternehmen

Sie befördern auf der Grundlage des ***Güterkraftverkehrsgesetzes*** auf der Straße und sind erlaubnispflichtig. Die Erlaubnis zur Beförderung wird jeweils fünf Jahre erteilt und dann neu überprüft. Der Eigner eines Güterkraftverkehrsunternehmens muss dabei seine

- persönliche Zuverlässigkeit,
- fachliche Eignung,
- finanzielle Leistungsfähigkeit

nachweisen. Seitdem die EU-Kabotage (beschränkte Lizenzvergabe) im Güterkraftverkehr entfallen ist, genügt die erlangte Erlaubnis in Verbindung mit einer Gemeinschaftslizenz, um in allen EU-Ländern transportieren zu dürfen.

Güterkraftverkehrsunternehmen tragen das Transportrisiko und sind nach Güterkraftverkehrsgesetz verpflichtet, sich gegen alle Schäden zu versichern. Als Transportpapier wird ein ***Lkw-Frachtbrief*** (CMR) oder ein ***Lieferschein*** verwendet.

DB Schenker Logistics/DB Schenker Rail AG

Die Bahn transportiert im Schienenverkehr Massengüter als geschlossene Züge, Wagengruppen oder Einzelwagen, jedoch kein Stückgut.

Möglichkeiten im ***kombinierten Ladungsverkehr*** sind Umschlagterminals für Container (genormte Großraumbehälter) und Lkws (rollende Landstraße) auf Zügen im Huckepackverkehr sowie mit der Schifffahrt durch Roll-on-Roll-off-Schiffe (Zug im Schiff) usw. Das Transportpapier bei der Bahn ist der ***Bahnfrachtbrief*** (CIM-Frachtbrief).

Deutsche Post AG

Die ***Deutsche Post AG*** befördert Briefe und Kleingüter bis maximal 31,5 kg, im Auslandsdienst in Zusammenarbeit mit DHL auch ohne Gewichtsgrenzen.

Versandmöglichkeiten

- Päckchen mit einheitlichem Beförderungspreis (max. 2 kg, keine Haftung)
- Postpakete am Schalter (max. 20 kg, Haftung bis 500,00 EUR, Paketschein als Transportpapier)
- selbstgebuchte Postpakete von Versendern mit mindestens 500 Paketen pro Jahr (max. 31,5 kg, Haftung bis 500,00 EUR)

Die Gebühr für Pakete ist abhängig vom Gewicht und der gewählten Versendungsform.

Zusatzleistungen gegen Entgelt sind:
- Einschreiben
- Nachnahme
- *„eigenhändig“* (Auslieferung nur an den vermerkten Empfänger)

Private Paketdienste (KEP-Dienste)
- transportieren als Kurier-, Express- und Paketdienste Sendungen mit kleinem bis mittleren Gewicht,
- bieten Serviceleistungen wie Abholung der Sendung nach Auftrag per Telefon oder Internet, DV-gestützte Verfolgung des Transportes und direkte Zustellung an den Empfänger an.

Airlines
- Sie bieten die Luftfrachtbeförderung für besonders eilige Güter ohne Gewichtsbeschränkung an.
- Transportpapier ist der Luftfrachtbrief (Airway Bill).
- Das internationale Frachtentgelt wird von IATA-Konferenzen (International Air Transport Association) vereinbart, während im Inland Frachtentgelte von den Airlines erarbeitet werden.

Reedereien
- Sie bieten besonders für Massengüter, deren Beförderung nicht eilig ist, mit der Binnenschifffahrt und der Hochseeschifffahrt eine kostengünstige Alternative an.
- Schiffsmiete eines ganzen Schiffes oder der Befrachtung eines ganzen Schiffs durch Charter (Pacht)
- Stückgüter werden einzeln oder als Sammelladung zusammengefasst transportiert (Teilcharter).
- Transportpapier ist der ***Ladeschein***, der wiederum ein Warenwertpapier darstellt, das den Eigentümer der Ware anzeigt und mit dem durch Indossament (Eigentumsübertragung) die Ware schon weiterverkauft werden kann, während sie noch unterwegs ist.
- Das gleichbedeutende Warenwertpapier der Hochseeschifffahrt ist das ***Konnossement*** (Bill of Lading).

Für die Auswahl des besten Transportmittels für eine bestimmte Sendung sind aus ökonomischer Sicht ausschlaggebend:
- das Frachtentgelt
- die Transportgeschwindigkeit
- die Sicherheit und die Flexibilität der Frachtführer

Auch ökologische Aspekte wie
- Umweltverträglichkeit,
- Energieverbrauch

des Transports sollten bei einer Entscheidung berücksichtigt werden.

Transportversicherung

Trotz der Haftung für den Untergang der Ware beim Transport durch Frachtführer kann der Abschluss einer Transportversicherung sinnvoll sein. Sie beinhaltet
- als Kaskoversicherung den Schutz des Transportmittels (für Werkverkehr),
- als Kargoversicherung den Schutz der transportierten Güter und zusätzlich die Absicherung bei Zwischenlagerung.

Sie kann als Einzelpolice für bestimmte Transporte oder als Generalpolice für alle Transporte innerhalb der vereinbarten Laufzeit abgeschlossen werden. Nicht versicherbar sind Schäden, die auf Fehler beim Versender zurückzuführen sind (z.B. mangelnde Sorgfalt beim Verpacken), während Schäden durch „höhere Gewalt“ wie Sturm (nicht Kriegsgeschehen) abgesichert werden können.

6 Außenhandel

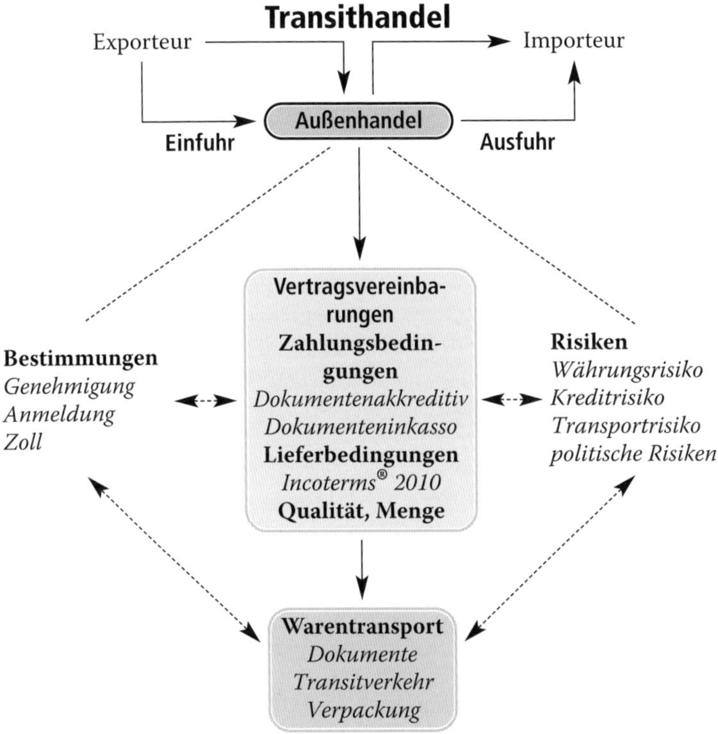

6.1 Einfuhr

Ein Außenhändler in Deutschland, der aus einem anderen Land Waren importiert, kann diese Einfuhr

- *direkt* vornehmen (vom ausländischen Verkäufer oder einem ausländischen Fachexporteur): so spart er die Gewinnspanne des inländischen Fachimporteurs.
- *indirekt* von einem inländischen Fachimporteur beziehen, von dessen Fachkenntnissen über ihm nicht näher bekannte Ländern er profitiert.

Import von Gemeinschaftsware aus EU-Ländern:

- Die Daten werden für statistische Zwecke auf einem Intrastat-Formular (Intra-Handels-Statistik) an das Statistische Bundesamt gemeldet (Auskunftspflicht).

Genehmigungsfreie Importe aus anderen Ländern:

- Das oben genannte Formular und das Einheitspapier werden benutzt und außerdem bei der zuständigen Zollbehörde abgegeben (Anmeldepflicht).
- Dem Außenwirtschaftsgesetz liegen eine Einfuhr- und Ausfuhrliste bei, die anzeigen, welche Waren aus welchen Ländern genehmigungspflichtig sind.

Genehmigungspflichtige Importe aus anderen Ländern:

- Es muss zusätzlich vorher eine Einfuhrgenehmigung oder eine EU-Einfuhrlizenz beim zuständigen Bundesamt eingeholt werden.
- Durch ein **Embargo** (Handelsverbot) mit bestimmten Ländern kann der Import auch vollständig verboten sein.

Zoll

- Importe aus Ländern außerhalb der EU werden zur Zollbeschau gestellt.
- Sobald zollpflichtige Ware im Zollbefund beurkundet und der Zoll bezahlt ist, wird das Zollgut zum Freigut und zum freien Verkehr abgefertigt.
- Die Abfertigung zum besonderen Verkehr bedeutet, dass die Ware zunächst als Zollgut verbleibt und in Zolllagern eingelagert wird, bis die weitere Verwendung feststeht.
- Wer sich in den Bestimmungen nicht auskennt, kann den Service eines **Zolldeklaranten** in Anspruch nehmen, der die gesamte Zollabfertigung durchführt.
- Neben dem Zoll wird die Einfuhrumsatzsteuer und auf bestimmte Waren, wie z. B. Tabak, Verbrauchssteuer erhoben.

6.2 Ausfuhr

Die Ausfuhr kann als

- *direkter* Export an einen Käufer im Ausland oder an einen ausländischen Fachimporteur vorgenommen werden,
- *indirekter* Export über einen inländischen Fachexporteur abgewickelt werden.

Export von Gemeinschaftsware an EU-Länder:

- Knapp 60 % der deutschen Versendungen gehen als Gemeinschaftsware in andere EU-Länder. Dieser Binnenhandel unterliegt wie bei den Importen lediglich der Auskunftspflicht an das Statistische Bundesamt.

Genehmigungsfreie Ausfuhr in andere Länder:

- Die Ausfuhr von Waren aus Deutschland in andere Länder ist grundsätzlich **genehmigungsfrei.**
- Allerdings muss ab einem bestimmten Warenwert eine Ausfuhranmeldung zum einen an das Zollamt im Zollbezirk des Exporteurs und zum anderen an das Statistische Bundesamt stattfinden.

Genehmigungspflichtiger Export in andere Länder:

- Sollte eine Ware oder ein Importland auf der Ausfuhrliste als genehmigungspflichtig ausgewiesen sein, muss vor dem Transport eine Ausfuhrgenehmigung des zuständigen Bundesamtes eingeholt werden.
- In seltenen Fällen besteht ein vollkommenes Ausfuhrverbot, z. B. bei atomaren Waffen oder bei Exporten in Länder, die einem Wirtschaftsembargo unterliegen.
- Der Export von Waren aus Deutschland ist umsatzsteuerfrei und nicht mit Ausfuhrzöllen belegt.

6.3 Transithandel

Der Transithandel bedeutet, dass ein deutscher Außenhändler einen Kaufvertrag mit einem ausländischen Exporteur abschließt, um die Waren an einen Importeur in einem anderen Land weiterzuverkaufen; das Geschäft bezieht also drei Länder mit ein.

Der Transport der Ware ist von dieser rechtlichen Sachlage der beiden Kaufverträge unberührt, denn die Ware kann durch Deutschland transportiert werden (z.B. polnische Gänse nach Frankreich auf der Straße) oder im Streckengeschäft direkt vom Exporteur zum Importeur geschickt werden (z.B. schwedisches Bauholz auf dem Seeweg nach Großbritannien).

6.4 Risiken

Der Außenhandel ist mit besonderen Risiken verbunden, die im Inland nicht oder nicht in diesem Umfang auftreten.

So birgt der Handel mit Ländern außerhalb der Währungsunion (Abrechnung in Euro) durch Kursschwankungen ein ***Währungsrisiko***, insbesondere wenn Angebot und Zahlung zeitlich weit auseinander liegen.

- Eine Kursschwankung mit einem schwächeren Euro bedeutet für den deutschen Importeur einen Kursverlust, da er mehr bezahlen muss, als er kalkuliert hatte.
- Kursschwankungen können im umgekehrten Fall auch zu Kursgewinnen führen.
- Das Währungsrisiko kann verhindert werden, wenn eine Zahlung zu einem festen Wechselkurs oder in der eigenen Währung vereinbart wird.

Beim Außenhandel mit Ländern, in denen eine unsichere politische Situation herrscht, erhöhen sich die Gefahren aller Kaufvertragserfüllungsstörungen. Beim Export kann Nicht-Rechtzeitig-Zahlung (Zahlungsverzug) oder Annahmeverzug und beim Import Nicht-Rechtzeitig-Lieferung (Lieferungsverzug) oder mangelhafte Lieferung auftreten. Sollte sich das ***politische Risiko***, z. B. durch Krieg im anderen Land, erhöhen, kann es notwendig werden, für bestimmte Zeit auf Handelsbeziehungen mit diesem Land zu verzichten.

Beim Export ist die Gefahr des Forderungsausfalls zu beachten. Dieses ***Kreditrisiko*** kann bei politischen Ursachen im ausländischen Importland durch eine Versicherung bei der Hermes Kreditversicherung AG gemildert werden, die Ausfuhrgewährleistungen zur Verfügung stellt.

Durch lange Transportwege im Außenhandel erhöht sich das ***Transportrisiko*** für Beschädigung oder Untergang der Sendung oder Lieferverzug durch längere Transportdauer. Die Vertragsvereinbarung bestimmter Lieferbedingungen, die als Incoterms® 2010 auch den Gefahrenübergang beim Transport und die Versicherungsbedingungen regeln, kann das Transportrisiko schmälern.

6.5 Zahlungsbedingungen

Das Kreditrisiko beim Export fällt weg, wenn *Vorauszahlung* vereinbart wird, denn dann wird die Ware erst verschickt, wenn die Zahlung des Importeurs eingetroffen ist. Die wenigsten Importeure würden sich aber auf diese Vertragsvereinbarung einlassen, da sich für sie selbst die Gefahr des Ausbleibens der Lieferung vervielfachte.

Eine Kompromissmöglichkeit ist die *Anzahlung* eines Forderungsteils und *Zahlung* des verbliebenen Rechnungsbetrags *bei Lieferung*. Doch auch hier bestehen für beide Vertragspartner noch erhebliche Risiken, dass Kaufvertragsverpflichtungen nicht erfüllt werden. Jeder Vertragspartner muss davon ausgehen, dass die einheimische Gesetzgebung im fremden Land nicht gilt und das Beanspruchen von Rechten aus den Erfüllungsstörungen mit Schwierigkeiten verbunden ist. Die meisten Importeure bestehen außerdem auf die Gewährung eines Zahlungsziels zur Sicherung ihrer Liquidität.

Deshalb haben sich im Außenhandel besondere Zahlungsbedingungen entwickelt, die den Sicherungsbedürfnissen beider Seiten Rechnung tragen.

Beim ***Dokumenteninkasso*** läuft die Erfüllung der Kaufvertragsverpflichtungen in dieser Reihenfolge ab:

1. Der Exporteur versendet die Ware und erhält vom Spediteur die Versanddokumente.
2. Der Exporteur reicht die Versanddokumente zusammen mit einem Inkassoauftrag bei seiner Hausbank ein.
3. Die Exporteursbank leitet beides weiter an die Importeursbank.
4. Die Importeursbank kassiert den Rechnungsbetrag vom Importeur und übergibt ihm die Dokumente.
5. Der Importeur lässt sich die Sendung gegen Vorlage der Dokumente vom Spediteur am Bestimmungsort übergeben.
6. Der Rechnungsbetrag wird von der Importeursbank an die Exporteursbank zugunsten des Exporteurs überwiesen.

Auf diese Weise versichert sich der Importeur, dass er erst zahlt, wenn er durch die Dokumente weiß, dass die Ware rechtzeitig und im ordnungsgemäßen Zustand versandt wurde. Der Exporteur wiederum versichert sich, dass Nicht-Rechtzeitig-Zahlung (Zahlungsverzug) nicht eintreten kann, da der Importeur die Dokumente zur Abholung der Ware nur gegen Zahlung erhält. Allerdings besteht für den Exporteur weiterhin das Risiko des Annahmeverzugs.

Das Dokumentenakkreditiv

Die größtmögliche Absicherung beider Seiten ist beim ***Dokumentenakkreditiv*** gegeben. Ein Akkreditiv ist ein Zahlungsversprechen einer Bank, beim bestätigten Akkreditiv (für hohe Beträge) auch noch einer zusätzlichen, international anerkannten Geschäftsbank. Die Erfüllung der Kaufvertragsverpflichtungen geschieht in dieser Reihenfolge:

1. Der Importeur stellt einen Antrag auf Eröffnung eines Akkreditivs bei seiner Bank.
2. Die Importeursbank prüft die finanzielle Lage des Importeurs genau, bevor sie ein Akkreditiv zugunsten des Exporteurs eröffnet und an die Exporteursbank leitet, da sie mit der Eröffnung ein Zahlungsversprechen für den Importeur unterschreibt. Der Importeur beantragt häufig eine *Befristung des Akkreditivs*, da dann eine Versendung der Ware innerhalb des befristeten Zeitraumes zu erwarten ist (nach Ablauf der Befristung entfällt das Zahlungsversprechen). Der Exporteur besteht häufig darauf, dass das Akkreditiv *unwiderruflich* ist, da dann das Zahlungsversprechen der Bank bis zum Eingang der Dokumente nicht rückgängig gemacht werden kann.
3. Die Exporteursbank benachrichtigt den Exporteur über die Akkreditiveröffnung.
4. Erst jetzt, da er ein Zahlungsversprechen der Bank hat, versendet der Exporteur die Ware und erhält vom Spediteur die Versanddokumente.
5. Der Exporteur übergibt die Versanddokumente seiner Bank gegen Gutschrift des Rechnungsbetrages, was einen sehr frühen und sicheren Zahlungseingang bedeutet. Allerdings prüft die Bank vor der Gutschrift sehr genau, ob *alle* Angaben auf den Versanddokumenten auch mit den Angaben auf dem Akkreditiv übereinstimmen, da sonst die Importeursbank nicht zahlen wird. Dies ist eine Absicherung des Importeurs, dass die Ware rechtzeitig und ordnungsgemäß versandt wurde.
6. Die Exporteursbank sendet die Dokumente gegen Gutschrift an die Importeursbank.
7. Die Importeursbank kassiert den Rechnungsbetrag vom Importeur und übergibt ihm die Dokumente.
8. Der Importeur lässt sich die Sendung gegen Vorlage der Dokumente vom Spediteur am Bestimmungsort übergeben.

6.6 Lieferbedingungen

Im Außenhandel ist es Handelsbrauch, die Lieferbedingung im Rahmen der ***Incoterms***® 2010 (International Commercial Terms) festzulegen. Die Incoterms® 2010 regeln mit nur wenigen Buchstaben als Abkürzung die Kostenverteilung für den Transport, den Gefahrenübergang für den Untergang der Ware und welcher Vertragspartner für den Abschluss der Transport- und Versicherungsverträge zuständig ist. Die elf verschiedenen Klauseln (wobei FAS, FOB, CFR und CIF ausschließlich für den Schiffsverkehr gelten) sind:

E-Klausel: (für den Exporteur am günstigsten)
EXW = Ex Works (ab Werk) – Dem Käufer obliegt der Abschluss der Transport- und Versicherungsverträge sowie die Zahlung aller Transportkosten; die Gefahr für den Untergang der Ware geht bereits vor den Werkstoren des Verkäufers auf den Käufer über.

F-Klauseln: (günstiger für den Exporteur)
FCA = Free Carrier (frei Frachtführer) – Der Verkäufer trägt die Kosten und die Gefahr nur bis zur Übergabe an den *ersten* beteiligten Frachtführer in seinem Land.
FAS = Free alongside Ship (frei Längsseite Schiff) – Der Verkäufer trägt die Kosten und Gefahr bis zum Kai im Verschiffungshafen.
FOB = Free on Board (frei an Bord) – Der Verkäufer trägt die Kosten und die Gefahr bis zum beladenen Schiff im Verschiffungshafen in seinem Land.

C-Klauseln: (günstiger für den Importeur)
CPT = Carriage paid to (frei bis zum benannten Ort)
CIP = Carriage and Insurance paid to (frei und versichert bis zum benannten Ort)
CFR = Cost and Freight (Kosten und Fracht) – Der Verkäufer trägt Kosten und Fracht bis zum Bestimmungshafen, die Gefahr für den Untergang der Ware geht bereits mit dem beladenen Schiff im Verschiffungshafen auf den Käufer über.
CIF = Cost, Insurance, Freight (Kosten, Versicherung, Fracht) – wie CFR, der Verkäufer trägt zusätzlich die Seeversicherung.

D-Klauseln: (am günstigsten für den Importeur)
DAT = Delivered at Terminal – Der Verkäufer trägt Kosten und Gefahr bis zum benannten Eingangsterminal im Bestimmungsland.
DAP = Delivered at Place – Der Verkäufer trägt Kosten und Gefahr bis zum Bestimmungsort.
DDP = Delivered Duty paid (geliefert verzollt) – Der Verkäufer trägt alle Kosten und Risiken einschließlich Zoll bis zum Bestimmungsort.

6.7 Warentransport

Beim Warentransport im Außenhandel werden folgende ***Dokumente*** verwendet:

- das Konnossement (Bill of Lading, Seefrachtbrief) bei der Hochseeschifffahrt ist außer Frachtpapier auch Warenwertpapier und zeigt das Eigentum an der Warensendung an; in der Binnenschifffahrt wird der Ladeschein verwendet
- die Versicherungspolice für die Transportversicherung
- die internationalen Frachtbriefe im Straßenverkehr (CMR-Frachtbrief) und auf der Schiene (CIM-Frachtbrief) sowie der Luftfrachtbrief (Airway Bill)
- die Spediteur-Übernahmebescheinigung (FCR = Forwarder's Certificate of Receipt)
- das Ursprungszeugnis (Certificate of Origin) als Nachweis des Herkunftslandes
- die Handelsrechnung (Faktura) als Grundlage der Einfuhrprüfung und die Konsulatsfaktura, ausgestellt von den Konsulaten der Einfuhrländer, um eine Verzollung auf Basis des Marktwertes im Importland sicherzustellen
- die Warenverkehrsbescheinigung für Transporte von Waren aus EU-Ländern (Zollfreiheit) oder der EFTA-Länder (begünstigter Zoll)

Beim Gütertransport im ***Transitverkehr*** von einem Land durch ein zweites Land (das Transitland) in das dritte Land als Bestimmungsland gibt es für den Warenverkehr innerhalb der EU-Länder und mit den EFTA-Ländern das Versandverfahren als besonderes Zollverfahren. Hier wird zur Entlastung der Grenzzollstellen die Abfertigung nur noch an den Zollstellen am Abgangs- und Bestimmungsort durchgeführt. Das Transportmittel wird verplombt, um Veränderungen während der Durchfuhr des Transitlandes zu unterbinden.

Kaufmännische Steuerung und Kontrolle, Organisation

1 Datenverarbeitung

Datenverarbeitung

Ordnungssysteme

- Dateien
- Schriftstücke
- Karteikarten

} Ordnungsmittel

Hardware

- Eingabegeräte
- Ausgabegeräte

Software

- Systemsoftware
- Anwendersoftware

Bürokommunikation

- interne Vernetzung
- externe Vernetzung

Datenschutz

- personenbezogene Daten
- Rechte nach BDSG
  - Benachrichtigung und Auskunft
  - Berichtigung
  - Löschung
  - Sperrung

Datensicherung

- technische Maßnahmen
- organisatorische Maßnahmen
- Softwaremaßnahmen

1.1 Ordnungssysteme

Alle Ordnungsmittel wie Schriftstücke, Karteikarten und Dateien sollten nach einem der folgenden Systeme geordnet werden:

Ordnungssystem	Anwendungsbeispiele
alphabetisch	Produktbezeichnungen
numerisch	Artikelnummern
alphanumerisch	Kfz-Kennzeichen
chronologisch nach zeitlicher Reihenfolge	Ausgangsrechnungen zur Überwachung der Zahlungseingänge
mnemotechnische Ordnung nach eingängigen Kürzeln	AR = Ausgangsrechnung

1.2 Hard- und Software

Hardware

Die Zentraleinheit ist zuständig für die Verarbeitung.
Die Peripherie ist zuständig für die Ein- und Ausgabe von Daten.

Eingabegeräte	Ausgabegeräte
▪ Tastatur ▪ Maus ▪ Touchscreen ▪ Scanner ▪ Barcodeleser ▪ Lichtgriffel ▪ Mikrofon usw.	▪ Bildschirm ▪ Drucker ▪ Plotter ▪ Lautsprecher ▪ Signalgeber ▪ Display usw.

Dialoggeräte wie Modem, DSL-Anschluss usw. sind Voraussetzung für die Kommunikation mit externen Rechnern und Grundlage für die Bürokommunikation mit Geschäftspartnern und Dienstleistern.

Software

Systemsoftware	bezeichnet das Betriebssystem, ohne das ein Rechner nicht funktioniert, sowie andere Softwarekomponenten, die nicht Anwendungssoftware sind
Anwendersoftware	▪ als Standardsoftware oft in „Paketen" für Textverarbeitung, Tabellenkalkulation; Grafikprogramme, Lohnabrechnungsprogramme usw. ▪ als Branchensoftware z. B. für Ärzte, Banken, Architekten ▪ als Individualsoftware z. B. für bestimmte Projekte

Bürokommunikation

- Die Software für Büroanwendungen und die **interne Vernetzung** der PCs im Intranet sorgt für effektive und rentable Arbeitsorganisation.
- Eine **externe Vernetzung** außerhalb des Unternehmens schafft Möglichkeiten zum Datentransfer, Onlinebanking, zur Nutzung des Internets für Recherchen oder eine eigene Homepage u. v. a. m.

1.3 Datenschutz

Das Bundesdatenschutzgesetz (BDSG) regelt die Erhebung, Verarbeitung und Nutzung von Daten. Der Datenschutz bezieht sich auf **personenbezogene Daten** und soll diese gegen Manipulation und Missbrauch schützen. Die Nutzung personenbezogener Daten ist zweckgebunden und nur zulässig, wenn die Person auf den Zweck hingewiesen wurde und ihre Einwilligung schriftlich erteilt hat.

Situation	Rechte nach BDSG
Personenbezogene Daten werden erfasst und übermittelt.	Recht auf Benachrichtigung und Auskunft
Unrichtige Daten wurden erfasst.	Recht auf Berichtigung
Unzulässige Daten wurden erfasst.	Recht auf Löschung
Daten werden nicht mehr benötigt.	Recht auf Sperrung

Die betriebliche Datenschutzkontrolle übernimmt der vom Unternehmen zu bestellende **Datenschutzbeauftragte**, wenn

- mindestens fünf Beschäftigte mit der automatisierten Verarbeitung personenbezogener Daten zu tun haben,
- mindestens 20 Beschäftigte auf andere Weise solche Daten verarbeiten.

Zusätzlichen Schutzes vor körperlichen Schäden bedarf auch der Mensch, der ständig am Computer arbeitet. Durch EU-Normen werden hinsichtlich der **Ergonomie** die richtige Büroeinrichtung, Lichtverhältnisse, Bürostühle, Position von Maus und Tastatur usw. für Bildschirmarbeitsplätze geregelt.

1.4 Datensicherung

Daten können durch höhere Gewalt, Beschädigung, technische Mängel oder menschliches Versagen beschädigt werden oder verloren gehen. Dagegen helfen Datensicherungsmaßnahmen:

Technische Maßnahmen	Organisatorische Maßnahmen	Softwaremaßnahmen
■ Brandschutz ■ Notstromaggregate ■ Alarmanlagen ■ Schreibschutz	■ Zutrittskontrolle ■ Sicherungskopien (externe Speicher)	■ Virenschutz ■ Passwörter ■ Plausibilitätskontrolle

2 Personalwesen

Personalwesen

Personalbetreuung

Personalplanung
- quantitativ
- qualitativ

Personalbeschaffung
- intern
- extern
- Personalleasing

Personalauswahl
- Assessment-Center
- Vorstellungsgespräch

Personalführung
- autoritär
- kooperativ
- laisser-faire

Entgeltabrechnung

Bruttoentgelt
- Zeitlohn
- Akkordlohn
- Prämienlohn

Nettoberechnung
- Grundentgelt
- zu versteuerndes Bruttoentgelt
- Nettoentgelt

2.1 Personalbetreuung

Die **Personalplanung** hat die Aufgabe, die erforderlichen Mitarbeiter/-innen nach Anzahl und Qualität zu bestimmen.

Quantitative Personalplanung	Qualitative Personalplanung
Bestimmungsfaktoren sind: ▪ Fluktuation ▪ Arbeitszeitänderung ▪ Kapazitätserweiterung ▪ Rationalisierung *Ergebnis:* Der Stellenplan legt Zahl und Bezeichnung der Arbeitsplätze fest.	*Bestimmungsfaktoren* sind: ▪ technischer Fortschritt ▪ strukturelle Änderungen *Ergebnis:* Die Stellenbeschreibungen enthalten u. a. Anforderungen an den/die Stelleninhaber/-in, genaue Aufgabenbeschreibung und Position der Stelle in der Betriebshierarchie.

Die **Personalbeschaffung** baut auf der Personalbedarfsplanung auf.

Interne Personalbeschaffung	Externe Personalbeschaffung	Personalleasing
Gemäß BetrVG kann der Betriebsrat zunächst eine interne Ausschreibung der Stelle verlangen.	über: ▪ Stellenanzeigen ▪ Headhunter ▪ Arbeitsagentur ▪ private Vermittlung	Arbeitgeber des Personals ist eine Verleihfirma, die dem Auftraggeber gegen Entgelt Zeitarbeitnehmer/-innen überlässt.

Die **Personalauswahl** soll den/die richtigen Arbeitnehmer/-in durch Bewerbung, Eignungstest, Assessment-Center und Vorstellungsgespräch an den passenden Arbeitsplatz bringen.

Die **Personalführung** ist die gezielte Einflussnahme auf das Verhalten der Mitarbeiter/-innen zur Verwirklichung der Unternehmensziele.

Autoritärer Führungsstil	Kooperativer Führungsstil	Führungsstil des „Laisser-faire"
Die Führungskraft trifft Entscheidungen ohne die Mitwirkung der Mitarbeiter/-innen.	Einbeziehung der Mitarbeiter/-innen durch Information, Mitspracherecht und Aufgabendelegation	Die Führungskraft lässt die Dinge laufen („Lasst sie nur machen.").

In der betrieblichen Realität wird das jeweilige Führungsverhalten der Situation angepasst. Der kooperative Führungsstil führt zu verschiedenen Führungsprinzipien:

Management by Exception	**Management by Objectives**	**Management by Delegation**
Führen nur noch bei Ausnahmen; sonst Übertragung von klaren Zielen, Aufgaben und Kompetenzen an Mitarbeiter/-innen	Führen durch Zielvereinbarungen, an deren Erreichen das Handeln der Mitarbeiter/-innen gemessen wird	Führen durch Übertragung von Verantwortung und eines festen Aufgabenbereichs an die Mitarbeiter/-innen

Die **Personalbeurteilung** erfolgt als vergangenheitsbezogene Leistungsbeurteilung oder als zukunftsbezogene Potenzialbeurteilung. Nach BetrVG hat ein/eine Arbeitnehmer/-in ein Recht auf ein Beurteilungsgespräch und auf Einsicht in seine/ihre Personalakte.

Beurteilungskriterien	**Beurteilungsform**
▪ Arbeitsverhalten ▪ Verhalten gegenüber Kollegen/Kolleginnen und Vorgesetzten ▪ Führungsverhalten ▪ Leistungsbereitschaft	▪ Beurteilungsgespräch ▪ Beurteilungsvordruck ▪ Soll-Ist-Vergleich der Zielvereinbarungen ▪ einfaches und qualifiziertes Arbeitszeugnis

Durch **Personalabbau** werden Arbeitsverhältnisse beendet. Die Beendigung erfolgt durch:

- Fristablauf (bei befristeten Arbeitsverträgen)
- Kündigung (seitens des Arbeitnehmers/der Arbeitnehmerin oder des Arbeitgebers)
- Erreichen der Altersgrenze
- Berufsunfähigkeit
- Aufhebungsvertrag
- betriebsbedingte Entlassungen (mit Aufstellung eines Sozialplans)

2.2 Entgeltabrechnung

Das **Bruttoentgelt** ist das mit dem Arbeitgeber vereinbarte Entgelt.

Zeitlohn	Akkordlohn	Prämienlohn
Entlohnung nach der Anwesenheitszeit am Arbeitsplatz bei Arbeitern/Arbeiterinnen als Stundenlohn, bei Angestellten als Monatsgehalt	Zusätzlich zu einem Grundlohn Bezahlung nach Arbeitsleistung: Grundlage ist quantitatives Arbeitsergebnis	Zusätzlich zu Grundlohn Bezahlung einer Sondervergütung für besondere Leistung, z. B. für sparsamen Materialverbrauch

Die **Nettoberechnung** ermittelt den tatsächlichen Auszahlungsbetrag an den/die Arbeitnehmer/-in:

Grundentgelt
\+ Zuschläge und Sonderzahlungen
\+ Arbeitgeberanteil an vermögenswirksamen Leistungen

= zu versteuerndes Bruttoentgelt
– Lohnsteuer
– Kirchensteuer[1]
– Solidaritätszuschlag[1]
– Arbeitnehmerbeitrag zu Sozialversicherungen[2]
(Kranken-, Pflege-, Renten- und Arbeitslosenversicherung)

= Nettoentgelt
– Vorschüsse
– Sparrate vermögenswirksame Leistungen

= Auszahlungsbetrag

[1] *als Prozentsatz der Lohnsteuer*

[2] *als Prozentsatz des Bruttoentgelts*

3 Organisation der Buchführung

Aufgaben der Buchführung

- Dokumentation
- Kontrolle
- Planungsbasis

Umsetzung der Buchführung

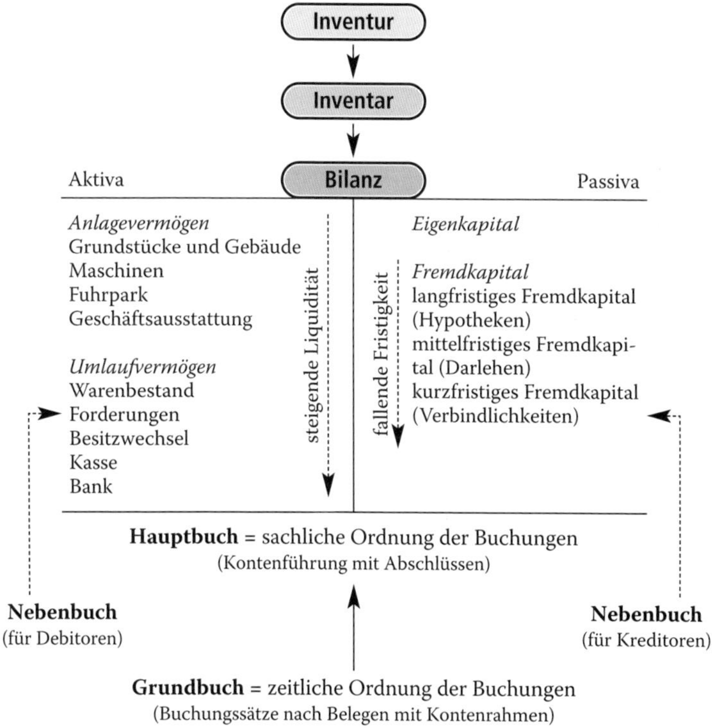

3.1 Aufgaben der Buchführung

Dokumentation

Buchführung als Abbildung eines Unternehmens soll vollständig, richtig, zeitgerecht und geordnet alle Geschäftsvorfälle dokumentieren, um die geschäftliche Entwicklung der Vergangenheit nachvollziehen zu können. Kaufleute sind nach HGB verpflichtet, Bücher zu führen und ihre Handelsgeschäfte und die Lage ihres Vermögens ersichtlich zu machen.

Pflichten bei Gründung und für die folgenden Geschäftsjahre:
- Durchführung der Inventur
- Erstellung eines Inventars
- Erstellung einer Eröffnungs- und Schlussbilanz
- Erstellung einer Gewinn-und-Verlust-Rechnung
- Buchungsbelege und Handelsbücher (Bilanzen und Inventare) sind zehn Jahre lang aufzubewahren

Interesse an den Daten der Buchführung haben:

Personenkreis	Grund des Interesses
Staat	Besteuerung
Gläubiger	Kreditwürdigkeit
Lieferanten und Kunden	Sicherung der Geschäftsbeziehung
Mitbewerber	Konkurrenzanalyse
Personal	Arbeitsplatzsicherung

Kontrolle der Wirtschaftlichkeit

Buchführungsdaten ermöglichen es der Unternehmensleitung, die Effektivität des Unternehmens zu kontrollieren. Effektivität lässt sich an der Erreichung der jeweiligen Unternehmensziele wie Gewinnmaximierung, Steigerung der Marktanteile, Sicherung der Liquidität, Produktivitätssteigerung usw. messen.

Grundlage für zukunftsorientierte Planung

Die vorangegangene Kontrolle der Wirtschaftlichkeit mündet in Entscheidungen, wie Schwächen minimiert und Stärken weiter ausgebaut werden können. Neben der Buchführung ist hier die Kosten- und Leistungsrechnung als Basis für weitere Planungen von Bedeutung.

3.2 Umsetzung der Buchführung

Inventur

Inventur ist die Bestandsaufnahme aller Vermögensteile und der Schulden nach Art, Menge und Wert. Vermögensgegenstände (wie z.B. Lagervorräte) werden körperlich erfasst (Zählen, Messen, Wiegen), in Inventurlisten eingetragen und anschließend bewertet. Immaterielle Vermögensgegenstände (z.B. Forderungen) und Schulden werden durch Überprüfung von Büchern erfasst.

Verschiedene Inventurverfahren:

Stichtagsinventur	Bestandsaufnahme an einem Tag bezogen auf den letzten Tag des Geschäftsjahres
verlegte Inventur	Bestandsaufnahme innerhalb von drei Monaten vor und zwei Monaten nach dem Stichtag
permanente Inventur	Bestandsaufnahme während des gesamten Geschäftsjahres, in dem jeder Vermögensteil einmal zu einem beliebigen Zeitpunkt erfasst wird; ermöglicht optimale Wahl des Zeitpunktes je nach personeller Kapazität, Bestandshöhe des betreffenden Artikels und Beschäftigungsgrad des Unternehmens

Die mengenmäßigen Ergebnisse der abgeschlossenen Inventur werden bewertet und mit den wertmäßigen Vermögensteilen und Schulden in einer ausführlichen Liste, dem Inventar, zusammengefasst. Bei der Bewertung eines Vermögensgegenstandes dürfen nach HGB die Anschaffungskosten nicht überschritten werden, selbst wenn dieser Gegenstand, z.B. ein Grundstück, seit dem Erwerb im Wert gestiegen ist. So erscheinen noch nicht realisierte Gewinne auch später nicht in der Bilanz. Bei Anwendung von IFRS-Richtlinien ist eine Bewertung zum Marktwert allerdings möglich.

Bewertungsprinzipien:
a) Niederstwertprinzip für Anlage- und Umlaufvermögen

Vorgehensweise	Wirkung
■ Anlagevermögen muss um den Abnutzungswert (Abschreibung) gemindert werden. ■ Nicht abnutzbares Anlagevermögen und Umlaufvermögen muss stets mit dem niedrigsten Wert angesetzt werden.	So tauchen noch nicht realisierte Verluste in der Bilanz durch den niedrigeren Ansatz auf.

b) Höchstwertprinzip für die Bewertung der Schulden

Vorgehensweise	Wirkung
Von zwei möglichen Ansätzen muss der höhere gewählt werden. Beispiel: Besteht bei einem Warenimport durch Kursschwankungen eine höhere Verbindlichkeit an den Exporteur als bei Buchung des Wareneinganges, so muss diese Verbindlichkeit im höheren Wert angesetzt werden.	Nicht realisierte Verluste werden in der Bilanz ausgewiesen (Imparitätsprinzip).

Inventar

Das Inventar zählt zunächst das Vermögen nach steigender Liquidität auf. Das Anlagevermögen dient dem dauernden Geschäftsbetrieb und beinhaltet Mengen und Werte der Grundstücke, Gebäude, Maschinen, Fuhrpark und Geschäftsausstattung. Das Umlaufvermögen verändert sich häufig und beinhaltet Mengen und Werte der Warenvorräte und anderer Lagervorräte, Forderungen, Wertpapiere und flüssige Mittel wie Kasse und Bankkonten.

Der zweite Teil des Inventars zeigt die Schulden nach fallender Fristigkeit, von langfristigen Schulden wie Hypotheken bis zu kurzfristigen Schulden wie Verbindlichkeiten.

Im dritten Teil des Inventars wird die Summe der Schulden von der Summe des Vermögens abgezogen. Das Ergebnis ist das Reinvermögen, auch Eigenkapital genannt. Das Eigenkapital als fiktive Größe zeigt an, wie viel Anteil am Gesamtvermögen nicht über Kredite finanziert ist, sondern den Inhabern „gehört". Sollte das Unternehmen zum Zeitpunkt der Inventarerstellung verkauft werden, so bliebe das Eigenkapital bestehen, wenn von den Verkaufserlösen zunächst alle Schulden getilgt würden.

Aus dem Inventar wird die Eröffnungsbilanz des neuen Geschäftsjahres erstellt.

Bilanz

Während im Inventar Mengen und Werte einzelner Vermögensteile und Schulden ausgewiesen wurden, zeigt die Bilanz nur noch zusammengefasste Werte für bestimmte Bilanzpositionen (siehe Übersicht Seite 63). Die Bilanz zeigt auf der Aktivaseite das Vermögen (die Mittelverwendung als Investition) und auf der Passivaseite die Mittelherkunft als Finanzierung.

Aus der Bilanz und der Gewinn-und-Verlust-Rechnung können durch Errechnung von Maßzahlen Schlüsse über die Situation des Unternehmens gezogen werden:

Maßzahl und Formel	Information
Eigenkapitalanteil: Eigenkapital · 100 : Gesamtkapital	zeigt den Grad von Unabhängigkeit von Gläubigern und ermöglicht eine Beurteilung der Finanzierung
Eigenkapitalrendite: Gewinn · 100 : Eigenkapital	zeigt durch den Vergleich mit dem herrschenden Kapitalmarktzins, inwiefern sich für den Unternehmer die Investition in sein Unternehmen gelohnt hat
Gesamtkapitalrendite: Gewinn · 100 : Gesamtkapital	zeigt, inwiefern sich der Gesamtkapitaleinsatz gelohnt hat
Umsatzrentabilität: Gewinn · 100 : Umsatzerlöse	gibt Auskunft darüber, wie viel Prozent der Umsätze dem Unternehmen als Gewinn zugeflossen sind
Liquidität I: flüssige Mittel · 100 : kurzfristiges Fremdkapital Liquidität II: flüssige Mittel und Forderungen · 100 : kurzfristiges Fremdkapital	lässt eine Beurteilung der kurzfristigen Zahlungsfähigkeit zu

Bücher der Buchführung

Die Eröffnungsbilanz eines neuen Geschäftsjahres ist am selben Tag bereits veraltet, da sie sich durch Geschäftsfälle ständig verändert.

Im Grundbuch werden diese Geschäftsfälle chronologisch als Buchungssätze nach Belegen vorgenommen. Benutzt wird bei der Bildung der Buchungssätze der Kontenrahmen mit untergeordneten Kontenklassen. Kontenrahmen sind von Wirtschaftsverbänden empfohlene Übersichten, die jedem Konto eine Zahl zuordnen. Im Kontenrahmen Groß- und Außenhandel stehen neun verschiedene Kontenklassen, wobei die Kontenklassen 5 bis 7 frei sind. Der Kontenplan ist die individuelle Abwandlung des Kontenrahmens in einem Unternehmen.

Für Debitoren (Kunden) wird ein Nebenbuch geführt, das in das Konto „Forderungen" mündet, für Kreditoren (Lieferanten) ebenfalls eines, das in das Konto „Verbindlichkeiten" mündet. Die Buchungssätze des Grundbuches werden in das Hauptbuch übertragen, in dem sachlich geordnet auf Konten gebucht wird. Die Abschlüsse dieser Konten führen am Ende des Geschäftsjahres dann zur Schlussbilanz.

4 Darstellung eines Geschäftsjahres

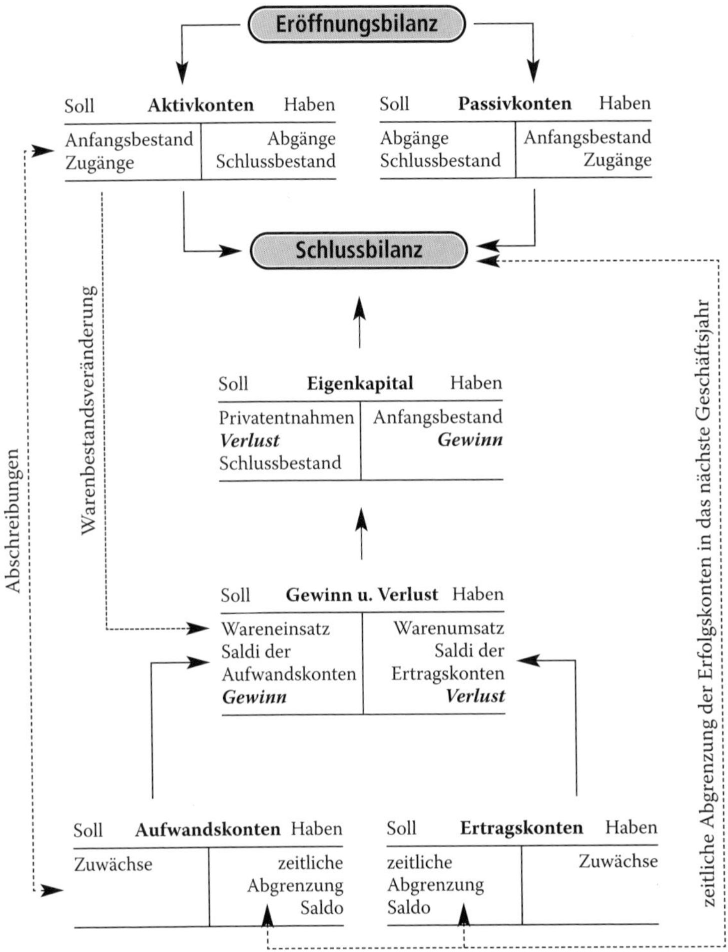

4.1 Bestands- und Ergebniskonten

Das Geschäftsjahr der Buchführung beginnt mit der Eröffnungsbilanz, aus der dann die Bestandskonten (Aktiv- und Passivkonten) mit den jeweiligen Anfangsbeständen erstellt werden:

Geschäftsvorfall	Buchungssatz
Eröffnung des Kontos „Forderungen"	1010/Forderungen an 9100/Eröffnungsbilanzkonto
Eröffnung des Kontos „Verbindlichkeiten"	9100/Eröffnungsbilanzkonto an 1710/Verbindlichkeiten

Auf den Bestandskonten werden Veränderungen bei Vermögen und Kapital festgehalten. Dabei wachsen die Bestandskonten immer auf der Seite, auf der auch der Anfangsbestand steht, d. h. die ***Aktivkonten im Soll*** und die ***Passivkonten im Haben***. Zu den Bestandskonten zählt auch die Umsatzsteuer, die beim Verkauf im Haben als Umsatzsteuer, beim Einkauf aber im Soll als Vorsteuer mitgebucht wird.

Die Ergebniskonten (Aufwands- und Ertragskonten) werden bei Bedarf eingerichtet, wenn sie durch einen Geschäftsvorfall angesprochen werden. Dabei wachsen die ***Aufwandskonten im Soll*** und die ***Ertragskonten im Haben***. Auch bei den meisten Aufwandskonten ist im Soll die Vorsteuer mitzubuchen, ausgenommen davon sind Zinsen, Miete und Gebühren. Buchungen auf Bestands- und Ergebniskonten:

Geschäftsvorfall	Buchungssatz	
Wareneinkauf auf Ziel	3010/Wareneingang + 1400/Vorsteuer	an 1710/Verbindlichkeiten
Warenverkauf auf Ziel	1010/Forderungen	an 8010/Warenverkauf an 1800/Umsatzsteuer
Banküberweisung an einen Lieferer	1710/Verbindlichkeiten	an 1310/Kreditinstitute
Kunde überweist auf das Bankkonto	1310/Kreditinstitute	an 1010/Forderungen
Banküberweisung des IHK-Beitrages	4270/Beiträge	an 1310/Kreditinstitute

Barzahlung einer Reparatur + USt.	4700/Instandhaltung + 1400/Vorsteuer	an 1510/Kasse
Bankgutschrift für Miete	1310/Kreditinstitute	an 2420/Betriebsfr. Erträge
Tilgung eines Bankdarlehens zzgl. Zinsen	0820/Vblk g. Kreditinstituten + 2100/Zinsaufwendungen	an 1310/Kreditinstitute
Postbanküberweisung für eine Werbeanzeige + USt.	4400/Werbekosten + 1400/Vorsteuer	an 1320/Postbank
Postbanküberweisung für ein Verlagsabonnement + USt.	4810/Bürobedarf + 1400/Vorsteuer	an 1320/Postbank
Aufnahme eines Darlehens bei der Bank + Bearbeitungsgebühren	1310/Kreditinstitute + 4860/Kosten d. Geldv.	an 0820/Darlehen
Bankkontoabrechnung mit Lastschrift für Sollzinsen und Bankgebühren und (geringeren) Habenzinsen	2100/Zinsaufwendungen + 4860/Kosten d. Geldv.	an 1310/Kreditinstitute an 2600/Zinserträge
Darlehensgewährung an einen Kunden	0460/Sonstige Ausleihungen	an 1010/Forderungen

Kauf von Anlagevermögen

Beim Kauf von Geschäftsausstattung und Büromaterial gibt es Besonderheiten zu beachten. So sind Verbrauchsgüter **in jeder Rechnungshöhe** als Aufwand zu buchen, während es beim Kauf von Anlagevermögen als selbstständig nutzbare Gebrauchsgüter je nach Rechnungshöhe zu unterschiedlichen Buchungen kommt:

- Gebrauchsgüter bis 150,00 EUR netto werden direkt auf einem Aufwandskonto gebucht und nicht als Vermögen aktiviert.
- Gebrauchsgüter von 150,00 EUR bis 410,00 EUR werden aktiviert und wahlweise vollständig im Jahr der Anschaffung abgeschrieben oder in einen Sammelposten wie folgt beschrieben eingestellt.
- Gebrauchsgüter von 410,00 EUR bis 1.000,00 EUR netto werden auf dem Konto „Geringwertige Wirtschaftsgüter“ gebucht und jahrgangsbezogen gesammelt. Dieser zwingend vorgeschriebene Sammelposten wird am Jahresende und in den folgenden vier Jahren *unabhängig von der Nutzungsdauer* der darin enthaltenen Gebrauchsgüter linear mit 20 % abgeschrieben.

- Gebrauchsgüter über 1.000,00 EUR netto werden auf einem Bestandskonto gebucht (aktiviert) und *nach Nutzungsdauer* über mehrere Jahre verteilt abgeschrieben.

Geschäftsvorfall	Buchungssatz	
Zielkauf eines Anrufbeantworters für netto 150,00 EUR	4810/Bürobedarf + 1400/Vorsteuer	an 1710/Verbindlichkeiten
Zielkauf eines Laserdruckers für netto 500,00 EUR	0370/Gw. Wirtschaftsgüter + 1400/Vorsteuer	an 1710/Verbindlichkeiten
Zielkauf eines PCs für netto 1.200,00 EUR	0330/Geschäftsausstattung + 1400/Vorsteuer	an 1710/Verbindlichkeiten
Zielkauf von Kopierpapier für netto 1.500,00 EUR	4810/Bürobedarf + 1400/Vorsteuer	an 1710/Verbindlichkeiten

4.2 Umsatzsteuerbuchungen

Die Umsatzsteuer ist für den Großhandel ein durchlaufender Posten. Die Differenz zwischen von Kunden erhaltener Umsatzsteuer (Passivkonto) und an Lieferer gezahlter Vorsteuer (Aktivkonto) wird monatlich ermittelt. Ist die Umsatzsteuer höher als die Vorsteuer ***(Zahllast)***, wird der Saldo des Vorsteuerkontos in das Umsatzsteuerkonto umgebucht. Dann wird der Saldo des Umsatzsteuerkontos an das Finanzamt abgeführt.

Geschäftsvorfall	Buchungssatz	
Abschluss des Vorsteuerkontos bei Zahllast	1800/Umsatzsteuer	an 1400/Vorsteuer
Banküberweisung der Zahllast an das Finanzamt	1800/Umsatzsteuer	an 1310/Kreditinstitute

Ist die Vorsteuer höher als die Umsatzsteuer ***(Vorsteuerüberhang)***, wird das Umsatzsteuerkonto in das Vorsteuerkonto umgebucht. Der Vorsteuerüberhang wird vom Finanzamt gutgeschrieben und mit der Zahllast des nächsten Monats verrechnet.

Geschäftsvorfall	Buchungssatz	
Abschluss des Umsatzsteuerkontos bei Vorsteuerüberhang	1800/Umsatzsteuer	an 1400/Vorsteuer

Privatentnahmen

Bei einer Personengesellschaft hat der (auch mit seinem Privatvermögen) haftende Unternehmer das Recht, sich während des Geschäftsjahres Geld oder Waren zu entnehmen oder das Geschäftsbankkonto für private Zwecke zu nutzen, z. B. für die Einkommensteuer, die er als Privatmann dem Finanzamt schuldet. Diese Vorgänge werden in der Buchführung auf dem Konto Privatentnahmen gebucht, das ein Unterkonto des Eigenkapitalkontos ist.

Geschäftsvorfall	Buchungssatz	
Der Unternehmer entnimmt sich Bargeld aus der Kasse.	1610/Privatentnahmen	an 1510/Kasse
Der Unternehmer entnimmt sich Waren aus dem Lager.	1610/Privatentnahmen	an 8710/Eigenverbrauch Waren an 1800/Umsatzsteuer
Spende an das „Rote Kreuz" vom Geschäftsbankkonto	1610/Privatentnahmen	an 1310/Kreditinstitute
Die Einkommensteuer wird vom Geschäftsbankkonto überwiesen.	1610/Privatentnahmen	an 1310/Kreditinstitute

4.3 Besonderheiten beim Wareneinkauf und -verkauf

Leihverpackung und Frachten

Beim Wareneinkauf werden alle Bezugskosten wie Leihverpackung und Frachten usw. auf dem Unterkonto des Wareneingangskontos ***„Warenbezugskosten“*** im Soll gebucht. Bei Rücksendung der Leihverpackung an den Lieferer wird die Buchung wieder storniert, d. h. durch Umdrehen rückgängig gemacht. Hier wird auch die anteilige Vorsteuer im Haben wieder „herausgenommen“. Alle Frachten, die auf einen Wareneingang zurückzuführen sind, sind auf diesem Unterkonto zu buchen, selbst wenn die Sendung vom Betrieb aus an den Lieferer geschickt wird.

Geschäftsvorfall	Buchungssatz	
Wareneinkauf auf Ziel + Fracht + Leihverpackung + Umsatzsteuer	3010/Wareneingang + 3020/Warenbezugskosten + 1400/Vorsteuer	an 1710/Verbindlichkeiten
Banküberweisung an eine Spedition für Transporte beim Wareneinkauf + USt.	3020/Warenbezugskosten + 1400/Vorsteuer	an 1310/Kreditinstitute
Rücksendung der Leihverpackung an den Lieferer + Umsatzsteuer	1710/Verbindlichkeiten	an 3020/Bezugskosten an 1400/Vorsteuer
Speditionsrechnung für die Rücksendung der Leihverpackung an den Lieferer + Umsatzsteuer	3020/Warenbezugskosten + 1400/Vorsteuer	an 1710/Verbindlichkeiten

Verpackung oder Fracht, die beim Warenverkauf gezahlt wird, z. B. bei der Lieferbedingung „frei Haus", wird auf dem Aufwandskonto ***„Ausgangsfrachten"*** im Soll gebucht. Wird dem Kunden (zusätzlich zur Ware) Fracht oder Verpackung in Rechnung gestellt, z. B. bei der Lieferbedingung „unfrei", wird dies einfach auf dem Konto „Warenverkauf" mit der Ware zusammen gebucht. Sendet der Kunde Leihverpackung zurück, so wird der Buchungssatz mit Warenverkauf und Umsatzsteuer wieder storniert. Alle Frachten, die auf einen Warenverkauf zurückzuführen sind, sind als **„Ausgangsfrachten"** zu buchen, selbst wenn die Sendung vom Kunden an den Betrieb geschickt wird.

Geschäftsvorfall	Buchungssatz	
Warenverkauf auf Ziel, dem Kunden wird auch Leihverpackung + USt. berechnet	1010/Forderungen	an 8010/Warenverkauf an 1800/Umsatzsteuer
Speditionsrechnung für Transporte zu Kunden + Umsatzsteuer	4620/Ausgangsfrachten + 1400/Vorsteuer	an 1710/Verbindlichkeiten

Weiterbelastung der gezahlten Frachtkosten an den Kunden + USt.	1010/Forderungen	an 8010/Warenverkauf an 1800/Umsatzsteuer
Kunde sendet Leihverpackung zurück + Umsatzsteuer	8010/Warenverkauf + 1800/Umsatzsteuer	an 1010/Forderungen
Speditionsrechnung für die Rücksendung der Leihverpackung eines Kunden + USt.	4620/Ausgangsfrachten + 1400/Vorsteuer	an 1710/Verbindlichkeiten

Schlechtleistung (Mangelhafte Lieferung)

Zu den Rechten aus mangelhafter Lieferung gehören die Rücksendung der mangelhaften Ware an den Lieferanten zwecks Umtausch (neue Ware) oder Wandlung (Geld zurück). Ebenso kann aber eine Minderung in Form einer Gutschrift durch den Lieferanten erfolgen. Diese Vorgänge führen zu folgenden Buchungen:

Geschäftsvorfall	Buchungssatz	
Rücksendung von mangelhafter Ware an einen Lieferanten + USt.	1710/Verbindlichkeiten	an 3050/Rücksendung an L. an 1400/Vorsteuer
Gutschrift von einem Lieferanten wegen Mängelrüge + USt.	1710/Verbindlichkeiten	an 3060/Nachlässe von L. an 1400/Vorsteuer
Kunde schickt mangelhafte Ware zurück + USt.	8050/Rücksendung v. K. + 1800/Umsatzsteuer	an 1010/Forderungen
Gutschrift an einen Kunden wegen Mängelrüge + USt.	8060/Nachlässe an K. + 1800/Umsatzsteuer	an 1010/Forderungen

Skonti sind prozentuale Preisminderungen von Forderungen oder Verbindlichkeiten für die Zahlung innerhalb eines vorgegebenen Zahlungszeitraumes. Bei Lieferung des Wareneinkaufs wird auf den Warenkonten der Zieleinkaufspreis gebucht, da der Zahlungszeitpunkt noch nicht feststeht. Wird dann später der Rechnungsbetrag als Bareinkaufspreis unter Abzug von Skonto überwiesen, so mindert sich der vorher gebuchte Warenwert und auch die anteilige Umsatzsteuer, was bei der Buchung der Überweisung berücksichtigt werden muss.

Skonti können netto gebucht werden, d. h. die anteilige Umsatzsteuer wird bei jeder Zahlungsbuchung sofort korrigiert. Ebenso gibt es die Möglichkeit der Bruttobuchung, d. h. die anteilige Umsatzsteuer wird zunächst im Skontobetrag belassen. Einmal im Monat wird aus den gesamten Skontobeträgen des Monats komplett die Umsatzsteuer herausgebucht.

Geschäftsvorfall	Buchungssatz	
Kunde überweist unter Abzug von Skonto (Nettobuchung)	1310/Kreditinstitute + 8080/Kundenskonti + 1800/Umsatzsteuer	an 1010/Forderungen
Kunde überweist unter Abzug von Skonto (Bruttobuchung)	1310/Kreditinstitute + 8080/Kundenskonti	an 1010/Forderungen
Umsatzsteuerkorrektur bei Bruttobuchung von Kundenskonti	1800/Umsatzsteuer	an 8080/Kundenskonti
Überweisung an einen Lieferer unter Abzug von Skonto (Nettobuchung)	1710/Verbindlichkeiten	an 1310/Kreditinstitute an 3080/Liefererskonti an 1400/Vorsteuer
Überweisung an einen Lieferer unter Abzug von Skonto (Bruttobuchung)	1710/Verbindlichkeiten	an 1310/Kreditinstitute an 3080/Liefererskonti
Umsatzsteuerkorrektur bei Bruttobuchung von Liefererskonti	3080/Liefererskonti	an 1400/Vorsteuer

Boni werden bei Erreichen eines Umsatzes innerhalb eines vorgegebenen Zeitraumes als prozentuale Preisminderung gewährt und senken so nachträglich den bereits gebuchten Warenwert und die anteilige Umsatzsteuer.

Geschäftsvorfall	Buchungssatz	
Gutschrift an einen Kunden für Bonus	8070/Kundenboni + 1800/Umsatzsteuer	an 1010/Forderungen
Gutschrift von einem Lieferanten für Bonus	1710/Verbindlichkeiten	an 3070/Liefererboni an 1400/Vorsteuer

4.4 Abschluss der Konten

Warenkonten

Zunächst werden die Warenkonten abgeschlossen. Aus der Inventur am Ende des Geschäftsjahres ergibt sich der Warenendbestand laut Inventur, der auf dem Konto „Warenbestand" im Haben eingetragen wird.

Buchungssatz

9400/Schlussbilanzkonto an 3900/Warenbestand

Der Saldo dieses Kontos wird auf das Konto „Wareneingang" umgebucht. Ist der Schlussbestand niedriger als der Anfangsbestand **(Minderbestand)**, wird gebucht:

Buchungssatz

3010/Wareneingang an 3900/Warenbestand

Ist aber der Schlussbestand höher als der Anfangsbestand **(Mehrbestand)**, wird gebucht:

Buchungssatz

3900/Warenbestand an 3010/Wareneingang

Dann werden alle Warenunterkonten in die Konten Wareneingang (Konten mit 30..) und Warenverkauf (Konten mit 80..) umgebucht.

Beispiele für Umbuchungen

3010/Wareneingang an 3020/Warenbezugskosten
3070/Liefererboni an 3010/Wareneingang
8010/Warenverkauf an 8050/Rücksendungen von Kunden

Schließlich werden die Saldi von „Wareneingang" (Wareneinsatz) und „Warenverkauf" (Warenumsatz) in das Gewinn- und Verlustkonto umgebucht:

Buchungssatz

9300/GuV an 3010/Wareneingang

Buchungssatz

8010/Warenverkauf an 9300/GuV

Abschreibungen

Die Abnutzung des Anlagevermögens bedeutet für das Unternehmen Kosten. So werden am Ende des Geschäftsjahres Wertminderungen auf den Bestandskonten des Anlagevermögens im Haben eingetragen, auf dem Kostenkonto ***„Abschreibungen“*** im Soll:

Beispiel für Buchungssatz:

4900/Abschreibungen an 0330/Geschäftsausstattung

Privatentnahmen

Privatentnahmen als Unterkonto des Eigenkapitals werden in dieses umgebucht:

Buchungssatz

0600/Eigenkapital an 1610/Privatentnahmen

Umsatzsteuerkonten

Die Vorsteuer und die Umsatzsteuer des Monats Dezember werden zunächst wie in den vorherigen Monaten verrechnet und umgebucht (siehe vorherige Erklärung). Die Differenz wird aber am Geschäftsjahresende auf der Bilanz aktiviert oder passiviert:

Geschäftsvorfall

Abschluss des Umsatzsteuerkontos bei Zahllast

Buchungssatz

1800/Umsatzsteuer an 9400/Schlussbilanzkonto

Geschäftsvorfall

Abschluss des Vorsteuerkontos bei Vorsteuerüberhang

Buchungssatz

9400/Schlussbilanzkonto an 1400/Vorsteuer

4.5 Zeitliche Abgrenzung

Bevor die Erfolgskonten in das Gewinn- und Verlustkonto abgeschlossen werden können, müssen Aufwendungen und Erträge dem Geschäftsjahr zugeordnet werden, in das sie gehören. Während des Geschäftsjahres wird auf Erfolgskonten ***erst bei Zahlungsvorgängen*** gebucht. Nun gibt es Aufwendungen und Erträge, die ***im Voraus*** gezahlt werden, z. B. wird die Januarmiete für eine Lagerhalle bereits im Dezember bezahlt. So wird bereits im Dezember bei der Buchung ein Erfolgskonto berührt, obwohl der entsprechende Aufwand eigentlich in die nächste Rechnungsperiode gehört. Um diesen Aufwand, der sonst im GuV „verschwände", abzugrenzen und in das nächste Jahr zu transportieren, werden ***„Rechnungsabgrenzungsposten"*** benutzt, die in der Schlussbilanz enden. Dabei werden „Aktive Rechnungsabgrenzungsposten" (ARAP) für Aufwendungen und „Passive Rechnungsabgrenzungsposten" (PRAP) für Erträge verwendet. Die Schlussbilanz ist durch das Übergehen in die Eröffnungsbilanz des neuen Jahres das einzige buchhalterische Mittel, um Buchungsbeträge in die nächste zeitliche Rechnungsperiode transportieren zu können.

Geschäftsvorfall

Die halbjährlich zu zahlende Kfz-Versicherung für Oktober bis März wird ***im Voraus*** bereits im Oktober per Bankeinzug überwiesen.

Buchungssätze

- im alten Jahr: 4260/Versicherungen an 1310/Kreditinstitute (Gesamtbetrag)
- zum 31. Dez.: 0910/ARAP an 4260/Versicherungen (Jan. bis März)
- im neuen Jahr: 4260/Versicherungen an 0910/ARAP (Jan. bis März)

So wird der (überhöhte) Aufwand des alten Jahres gesenkt und der (richtige) Aufwand des neuen Jahres erhöht.

Geschäftsvorfall

Ein Darlehensschuldner überweist die halbjährlichen Zinsen für November bis April ***im Voraus*** bereits im November.

Buchungssätze

- im alten Jahr: 1310/Kreditinstitute an 2600/Zinserträge (Gesamtbetrag)
- zum 31. Dez.: 2600/Zinserträge an 0930/PRAP (Jan. bis April)
- im neuen Jahr: 0930/PRAP an 2600/Zinserträge (Jan. bis April)

So wird der (überhöhte) Ertrag des alten Jahres gesenkt und der (richtige) Ertrag des neuen Jahres erhöht.

Sonstige Forderungen und sonstige Verbindlichkeiten

Aufwendungen und Erträge, die diese Rechnungsperiode betreffen, können auch erst ***nachträglich*** im neuen Geschäftsjahr gezahlt werden, z. B. werden Zinsaufwendungen für Dezember erst im Januar gezahlt. Im alten Jahr fände also gar keine Buchung statt, da noch keine Zahlung erfolgt, obwohl die Aufwendungen in diese Rechnungsperiode gehören. Nun bucht man Aufwendungen mithilfe des Kontos „Sonstige Verbindlichkeiten“ und Erträge mithilfe des Kontos „Sonstige Forderungen“ in das alte Jahr ein.

Geschäftsvorfall

Die Darlehenszinsen für Dezember bis Februar werden von uns erst ***nachträglich*** im Februar per Banküberweisung beglichen.

Buchungssätze

- im alten Jahr: 2100/Zinsaufwendungen an 1940/Sonst. Verbindlichkeiten (Dez.)
- im neuen Jahr: 1940/Sonst. Verbindlichkeiten (Dez.) an 1310/Kreditinstitute + 2100/Zinsaufwendungen (Jan. + Febr.)

So wird der (noch unberücksichtigte) Aufwand des alten Jahres erhöht und der (überhöhte) Aufwand des neuen Jahres gesenkt.

Geschäftsvorfall

Unser Mieter begleicht die Dezember- und Januarmiete erst ***nachträglich*** im Januar.

Buchungssätze

- im alten Jahr: 1130/Sonst. Ford. an 2420/Betriebsfr. Erträge (Dez.)
- im neuen Jahr: 1310/Kreditinstitute an 1130/Sonst. Forderungen (Dez.)
  an 2420/Betriebsfr. Erträge (Jan.)

So wird der (noch unberücksichtigte) Ertrag des alten Jahres erhöht und der (überhöhte) Ertrag des neuen Jahres gesenkt.

Rückstellungen

Für Aufwendungen, die sicher im nächsten Geschäftsjahr anfallen, aber in ihrer Höhe noch nicht feststehen, werden Rückstellungen gebildet. Ein typisches Beispiel ist die Gewerbesteuer, die in ihrer endgültigen Höhe erst nach Erstellung der Schlussbilanz bestimmt werden kann, also erst Anfang des nächsten Geschäftsjahres. Eigentlich ist sie ein Aufwand dieser Rechnungsperiode, kann aber erst in der folgenden gezahlt werden. Das Konto „Sonstige Verbindlichkeiten" kommt wegen der unbekannten Aufwandshöhe nicht in Betracht.

Geschäftsvorfall

Im folgenden Geschäftsjahr wird mit einer Gewerbesteuernachzahlung gerechnet.

Buchungssatz

4210/Gewerbesteuer an 0720/Rückstellungen

Geschäftsvorfall

Die Gewerbesteuernachzahlung, die **geringer** als erwartet war, wird im nächsten Geschäftsjahr per Bankeinzug beglichen.

Buchungssatz

0720/Rückstellungen an 1310/Kreditinstitute
an 2760/Erträge aus der Auflösung von Rückstellungen

Geschäftsvorfall

Die Gewerbesteuernachzahlung, die **höher** als erwartet war, wird im nächsten Geschäftsjahr per Bankeinzug beglichen.

Buchungssatz

0720/Rückstellungen an 1310/Kreditinstitute
+ 2030/Periodenfr. Aufwendungen

4.6 Gewinn und Verlust

Wenn nun alle Umbuchungen stattgefunden haben und die Erfolgskonten zeitlich abgegrenzt sind, kann festgestellt werden, ob ein Gewinn oder Verlust erwirtschaftet wurde. Das Gewinn- und Verlustkonto zeigt bereits den Warenumsatz im Haben und den Wareneinsatz im Soll. Die Differenz dieser beiden Werte ergibt den **Rohgewinn** oder -verlust aus den Warenbewegungen. Jetzt werden alle Konten der Kontenklassen 2 (Aufwendungen und Erträge) und 4 (Kosten) sowie das Konto „Eigenverbrauch von Waren" in das Gewinn- und Verlustkonto abgeschlossen. Ergibt sich auf der Habenseite des Gewinn- und Verlustkontos ein höherer Betrag, so sind die Erträge höher als die Aufwendungen und es handelt sich um ***Reingewinn als Saldo*** im Soll des Gewinn- und Verlustkontos, der in das Eigenkapital umgebucht wird.

Buchungssatz

9300/Gewinn und Verlust an 0600/Eigenkapital

Ergibt sich auf der Sollseite des Gewinn- und Verlustkontos ein höherer Betrag, so sind die Aufwendungen höher als die Erträge und es handelt sich um ***Reinverlust als Saldo*** im Haben des Gewinn- und Verlustkontos, der in das Eigenkapital umgebucht wird.

Buchungssatz

0600/Eigenkapital an 9300/Gewinn und Verlust

Schlussbilanz

Das Geschäftsjahr geht zu Ende, der Buchungskreislauf schließt sich. Alle Bestandskonten werden in die Schlussbilanz abgeschlossen. Wenn richtig gebucht wurde, ergeben Aktiv- und Passivseite der Schlussbilanz die gleiche Bilanzsumme.

5 Kosten- und Leistungsrechnung

- Ausgaben
- Aufwand
- Kosten

Abgrenzung: Was sind Kosten?

- Einnahmen
- Ertrag
- Leistung

Kostenrechnen

Wodurch entstehen Kosten?
Kostenartenrechnung

Wo entstehen Kosten?
Kostenstellenrechnung

Wofür entstehen Kosten?
Kostenträgerrechnung

Controlling

- Budgetierung
- Plan-Ist-Vergleiche
- Kennzahlen

5.1 Abgrenzung

Geldrechnung	Ausgaben	Einnahmen
Erfolgsrechnung	Aufwand	Ertrag
Kostenrechnung	Kosten	Leistung

Der Großhandelskontenrahmen trennt zwischen

- **Kosten** als betriebszweckgebundenen, regulär anfallenden Aufwendungen dieser Rechnungsperiode in der Kontenklasse 4,
- **reinen (neutralen) Aufwendungen** als außerordentlichen, betriebsfremden oder periodenfremden Aufwendungen in der Kontenklasse 2.

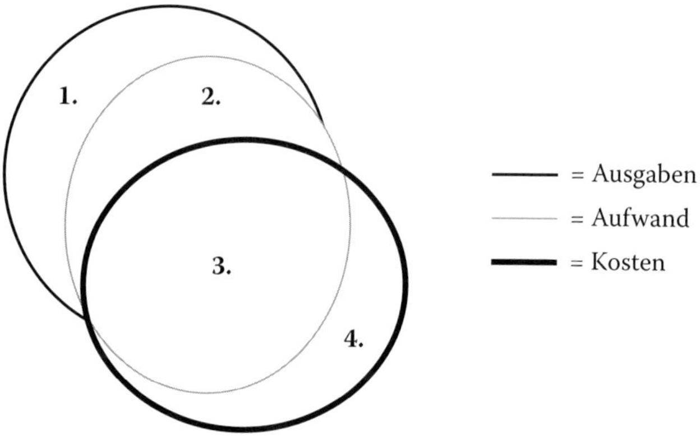

1. Bereich = reine Ausgabe, weder Aufwand noch Kosten, z. B. Überweisung einer Eingangsrechnung, Überweisung der Zahllast oder der Lohnsteuer an das Finanzamt, Überweisung der Einkommensteuer des Inhabers
2. Bereich = Aufwendungen, die nicht Kosten sind, also alle betriebsfremden, periodenfremden und außerordentlichen Aufwendungen
3. Bereich = Aufwendungen, die auch Kosten sind und dem Betriebszweck dienen, alle Konten der Kontenklasse 4
4. Bereich = Kosten, die weder Aufwand noch Ausgabe darstellen, also die kalkulatorischen Kosten, z. B. die Lagerzinsen. Diese Kosten werden weder gebucht noch gezahlt, aber zu dem Zweck berechnet, sie in den Handlungsgemeinkostenzuschlag einzukalkulieren.

Bei der Kosten- und Leistungsrechnung wird getrennt bzw. abgegrenzt zwischen Betriebsergebnis aus Kosten und Leistungen und neutralem Ergebnis:

Gesamtergebnis = Betriebsergebnis + neutrales Ergebnis

Dabei wird (zusammengefasst) wie folgt vorgegangen:

(8010) Warenumsatz als Leistung
– (3010) Wareneinsatz
= Rohgewinn
– Kosten (Kontenklasse 4*)
= Betriebsergebnis
– neutrales Ergebnis**
= Gesamtergebnis

* Die Summe der Kontenklasse 4 kann nur dann als Kosten genommen werden, wenn vorher das Ergebnis aus kostenrechnerischen Korrekturen darin berücksichtigt wurde, namentlich Zurechnung der kalkulatorischen Kosten und der Teile der Kontenklasse 2, die betrieblich bedingt anfielen, z. B. bei den Zinsaufwendungen, und Abrechnung der Abschreibungsanteile, die rein steuerlich bedingt sind.

** Das neutrale Ergebnis ergibt sich in einer getrennten Rechnung:

neutrale Erträge
– neutrale Aufwendungen
= neutrales Ergebnis

Hierbei wird vorausgesetzt, dass bereits zuvor eine kostenrechnerische Korrektur stattgefunden hat, namentlich Verrechnung der gezahlten Fremdkapitalzinsen mit den kalkulatorischen Zinsen auf der Grundlage des betriebsnotwendigen Kapitals.

Das neutrale Ergebnis wird vom Betriebsergebnis getrennt, um die rein betriebliche Leistung und die dadurch verursachten Kosten herauszuarbeiten und damit eine übersichtliche Grundlage für die Beurteilung der Rentabilität und Wirtschaftlichkeit des Großhandels zu haben. Die reine Geschäftsbuchhaltung kann nur durch die Trennung der Kontenklassen 2 und 4 alleine und ohne die Berücksichtigung der kalkulatorischen Kosten keine ausreichende Grundlage für diese Beurteilung bieten.

5.2 Kostenartenrechnung

Nach dem Verhalten der Kosten bei Schwankungen des Beschäftigungsgrades (im Großhandel bei Schwankungen der Absatzmenge) unterscheiden sich:

fixe Kosten	variable Kosten
z. B. Personalkosten	z. B. Verpackungskosten
bleiben als *Gesamtkosten* gleich hoch	steigen als *Gesamtkosten* mit steigendem Absatz (proportional, progressiv, degressiv)
fallen als *Stückkosten* mit steigendem Absatz	bleiben als *Stückkosten* bei steigendem Absatz gleich hoch

Nach Art der Verrechnung unterscheiden sich:

Einzelkosten	Gemeinkosten
z. B. Bezugskosten	z. B. Miete
sind einem einzelnen Vorgang (z. B. Einkauf) zurechenbar	werden durch den Gesamtbetrieb verursacht
werden in der Preiskalkulation für einen Artikel gesondert aufgeführt	sind bei der Preiskalkulation im Handlungsgemeinkostenzuschlag anteilig verrechnet

5.3 Kostenträgerrechnung

Der Handlungsgemeinkostenzuschlag summiert alle Gemeinkosten und drückt sie als Prozentsatz des Wareneinsatzes aus, um diesen Prozentsatz bei der **Verkaufskalkulation** (siehe Kapitel 4, Seite 34 ff.) auf die Bezugspreise kalkulieren zu können.

Außerdem wird bei jeder Artikelgruppe untersucht, ob sie über die Verkaufserlöse (Verkaufspreise) in der Lage ist, einen Anteil an den fixen Kosten zu decken (die auch ohne diese Artikelgruppe anfallen):

Deckungsbeitrag = Umsatzerlöse – variable Kosten

Ein positiver Deckungsbeitrag ist Grundlage für die Entscheidung, einen Artikel selbst dann im Sortiment zu belassen, wenn er Verlust einbringt. Bei Herausnahme aus dem Sortiment müssten andere Artikel einen höheren

Gemeinkostenanteil tragen. Dies könnte zu einem insgesamt negativeren Ergebnis führen.

Die Gewinnschwelle, auch Break-even-Point genannt, ermittelt die Verkaufsmenge, die je Artikel notwendig ist, um alle anfallenden Kosten zu decken:

Gewinnschwelle = fixe Kosten : Deckungsbeitrag

Folglich wird ein Gewinn ab der ersten über der Gewinnschwelle verkauften Einheit erzielt.

5.4 Kostenstellenrechnung

Die Kostenstellenrechnung ermittelt, in welchen Betriebsbereichen (Abteilungen) die Kosten verursacht wurden, z.B. Beschaffung, Lager, Verkauf. Die Kostenstellenrechnung mit dem Betriebsabrechnungsbogen (BAB) dient ursächlich der Kostenkontrolle der jeweiligen Abteilungen mit dem Ziel, Kosten einzusparen. Erst durch die Umlage der Hilfs- oder Vorkostenstellen auf die Hauptkostenstellen im mehrstufigen BAB und später auf die Kostenträger, also die Warengruppen, ergeben sich in einer dritten Stufe der Kostenrechnung die Kalkulationsgrundlagen je Warengruppe mit dem Handlungskostenzuschlagssatz.

5.5 Controlling

Das Controlling bedient sich der Informationen aus der Buchführung und aus der Kosten- und Leistungsrechnung mit dem Ziel, positive oder negative Tendenzen aufzuspüren und dementsprechende unternehmerische Entscheidungen herbeizuführen. Das Controlling ist im Organigramm oft als Stabsstelle (beratend ohne Weisungsbefugnis) der Geschäftsleitung zugeordnet.

Controllinginstrumente:

- Die **Budgetierung** dient der Erstellung von Planwerten. Ziel ist, der Unternehmensleitung Dispositions-, Kontroll- und Steuerungshilfen zur Verfügung zu stellen.
- Der **Plan-Ist-Vergleich** stellt die erreichten Werte den vorher festgelegten Werten aus der Budgetierung gegenüber.
- **Kennzahlen** bieten die Möglichkeit, eine Analyse der Bilanz, der Gewinn-und-Verlust-Rechnung und der Lagerhaltung vergleichend darzustellen und deren Entwicklung im Zeitablauf zu verfolgen.

6 Finanzierung

Lieferantenkredit
Überweisung mit Skontoabzug
Verrechnungsscheck
Dauerauftrag
Kreditkarten

Barzahlung
Halbbarzahlung
Bargeldlose Zahlung

Kundenkredit
Überweisung
Einzugsverfahren

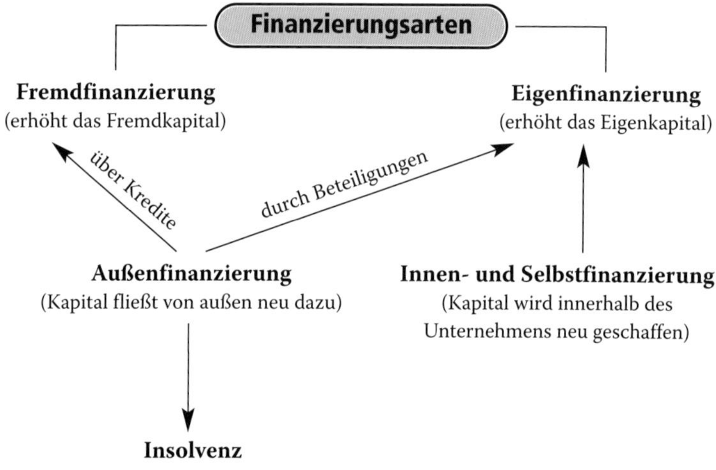

6.1 Zahlungsverkehr

Barzahlung

Die Barzahlung geschieht durch Übergabe von Scheinen und Münzen vom Schuldner an den Gläubiger. Zumeist unterschreibt der Gläubiger eine **Quittung**, die dann beim Schuldner als Nachweis der Zahlung verbleibt. Die Quittung ist prinzipiell formlos, sollte aber die Quittungsbestandteile

- Betrag in Worten und Ziffern,
- Datum und Unterschrift des Gläubigers,
- Namen des Schuldners,
- Quittungsklausel (... bestätige, erhalten zu haben)

enthalten, um aussagefähig zu sein.

Halbbarzahlung

Zu der Halbbarzahlung gehört der **Zahlschein**. Ein Schuldner zahlt einen Betrag bar ein und füllt das Formular „Überweisung/Zahlschein" aus. Der eingezahlte Betrag wird dem Gläubiger auf seinem Girokonto gutgeschrieben.

Auch die **Nachnahme** ist eine halbbare Zahlung, da der Warenempfänger als Schuldner die Sendung lediglich gegen Zahlung des Nachnahmebetrages ausgehändigt bekommt. Dadurch ist die Gefahr der Nicht-Rechtzeitig-Zahlung (Zahlungsverzug) gebannt.

Eine umgekehrte Halbbarzahlung geschieht bei der Verwendung eines **Barschecks**. Hier erhält der Schuldner als Kontoinhaber Scheckformulare, die er bei Zahlung ausfüllt und dem Gläubiger überreicht. Während der Betrag vom Konto des Schuldners abgebucht wird, kann der Gläubiger entscheiden, ob er sich den Betrag bar von dem bezogenen Kreditinstitut auszahlen lassen möchte oder den Barscheck bei seiner Hausbank zur Einlösung einreicht.

Gesetzliche Bestandteile des Schecks:

- das Wort „Scheck"
- Anweisung, eine bestimmte Geldsumme (in Buchstaben) zu zahlen
- Name des bezogenen Kreditinstitutes
- Angabe des Zahlungsortes
- Tag und Ort der Ausstellung
- Unterschrift des Ausstellers

Kaufmännische Bestandteile des Schecks:

- Bankleitzahl, Kontonummer u. a. Kennzahlen
- Wiederholung des Betrages in Ziffern (Wort gilt vor Zahl)
- Überbringerklausel (Auszahlung an jeden Überbringer)
- Guthabenklausel (Auszahlung nur bei Kontodeckung)

Der Erhalt eines Barschecks von einem Schuldner bedeutet also noch nicht, dass die Forderung beglichen ist.
Mit der **EC-Karte** und einer individuellen Geheimzahl kann Bargeld an Geldautomaten gezogen werden und zusammen mit einer Unterschrift, auch ohne Geheimzahl, im Lastschriftverfahren gezahlt werden (was dann zur bargeldlosen Zahlung gehört).

Bargeldlose Zahlung

Die häufigste Form der bargeldlosen Zahlung ist die **Überweisung** vom Konto des Schuldners (Lastschrift) auf das Konto des Gläubigers (Gutschrift). Bei **Lieferantenkredit** mit möglichem Skontoabzug bietet sich die Zahlung unter Ausnutzung von ***Skonto*** selbst dann an, wenn das eigene Konto den Betrag vorübergehend nicht deckt und ein Überziehungskredit beim Hausbankkonto in Anspruch genommen wird.

Beispiel

Zahlungsbedingung:	innerhalb von 10 Tagen 3 % Skonto, 30 Tage Zahlungsziel (netto Kasse)
Rechnungsbetrag:	5.000,00 EUR

Effektivzins

Da der Lieferant für seinen Kredit über 20 Tage 3 % Zins berechnet (die ersten 10 Tage kosten nichts), ergibt sich eine jährliche Effektivverzinsung von 54 % (3 · 360 : 20).

Skontoabzug

Überweisungsbetrag 4.850,00 EUR (Skonto 150,00 EUR)

Finanzierungsgewinn

Ein Überziehungskredit beim Hausbankkonto kostet 8 % Zinsen p. a. Wenn dieser ausgenutzt werden müsste, um mit Skontoabzug zahlen zu können, entstünden Zinsaufwendungen in Höhe von

21,56 EUR: $\frac{4.850{,}00 \cdot 8 \cdot 20}{100 \cdot 360}$

Da bei Überschreitung der Skontofrist 150,00 EUR mehr anfielen, ergibt sich ein Finanzierungsgewinn von 128,44 EUR.

Statt die Verbindlichkeit zu überweisen, kann dem Lieferanten ein ***Verrechnungsscheck*** („nur zur Verrechnung" auf dem Scheckformular) übergeben werden. Dadurch kann der Scheck nur auf einem Konto gutgeschrieben werden.

Bei regelmäßig anfallenden Verbindlichkeiten in gleicher Höhe (z.B. Miete) kann der ***Dauerauftrag*** genutzt werden. Der Schuldner beauftragt seine Hausbank, in einem bestimmten Zeitrhythmus immer wieder den gleichen Betrag an den gleichen Gläubiger zu überweisen.

Für Vertriebsmitarbeiter/-innen, die ständig im Auftrag der Firma unterwegs sind und für Unterkunft, Verpflegung usw. zahlen, ist die Zahlung mit ***Kreditkarten*** vorteilhaft. Kreditkarteninstitute bieten Girokontoinhabern Kreditkarten gegen eine jährliche Gebühr an und übernehmen gegenüber dem Gläubiger die Haftung für ihren Forderungseingang (Delkrederefunktion), wenn Bedingungen wie Onlinebuchung usw. eingehalten werden. Im Gegenzug wird dem Gläubiger ein um eine prozentuale Gebühr verminderter Betrag (zwischen 92 % und 98 %) gutgeschrieben. Der Gläubiger ist nicht berechtigt, diese Gebühr an den Schuldner weiterzugeben. Die Kreditkarteninstitute ziehen einmal monatlich die Kreditsumme vom Girokonto des Kreditkartenzahlers per Lastschrift ein.

Beim **Kundenkredit** kann der Kunde die Einzelforderung jeweils überweisen. Einfacher ist es, einem Stammkunden, der regelmäßig unterschiedliche Beträge schuldet, eines der beiden ***Einzugsverfahren*** anzubieten. Beim ***Einzugsermächtigungsverfahren*** ermächtigt der Schuldner den Gläubiger mit seiner Unterschrift, per Lastschrift Geld von seinem Girokonto einziehen zu dürfen. Innerhalb von sechs Wochen nach jeder Belastung des Kontos besteht ein Widerrufsrecht, eine Kündigung ist jederzeit möglich. Als Lieferant, der zum Einzug vom Konto des Kunden berechtigt ist, kann man den Zahlungstermin so selbst bestimmen.
Beim ***Abbuchungsverfahren*** teilt der Schuldner seinem Kreditinstitut mit, dass Lastschriften durch einen bestimmten Gläubiger stattfinden können, wobei eine Höchstsumme vorgegeben werden kann. Der Gläubiger veranlasst dann die Abbuchung. Der Abbuchungsauftrag kann jederzeit widerrufen werden, eine Stornierung bereits erfolgter Abbuchungen ist jedoch nicht möglich.

Zahlungsmethoden bei bargeldloser Zahlung

Geldbewegungen auf den Konten der Kreditinstitute können durch Formulare auf Papier veranlasst werden. Daneben gibt es auch das ***Onlinebanking***, bei dem der Schuldner per Computer mit dem Rechner des Kreditinstitutes kommuniziert.

Für Unternehmen, die ein Warenwirtschaftssystem nutzen, bei dem ständig aktuelle Daten über Verbindlichkeiten vorliegen, empfiehlt sich der direkte Datenaustausch. Hier spielt das Unternehmen die Daten aus dem Finanzbuchhaltungsprogramm des Warenwirtschaftssystems direkt in den Rechner der Bank ein.

6.2 Finanzierungsarten

Fremdfinanzierung

- Zufluss von neuem Fremdkapital (Krediten) von *außen*
- Erhöhung des Fremdkapitalanteils des Gesamtkapitals

Eigenfinanzierung

Der Eigenkapitalanteil des Gesamtkapitals wird erhöht.

Eigenfinanzierung als **Außenfinanzierung** (Beteiligungsfinanzierung): Neue Kapitalgeber beteiligen sich am Unternehmen.	Beispiele: ■ neuer Kommanditist bei der KG ■ neuer Gesellschafter bei der GmbH ■ Ausgabe neuer Aktien bei einer AG

Vorteil:
Die neuen Kapitalgeber erhalten zwar eine Vergütung wie Gewinnanteile oder Dividende (vergleichbar mit den Zinsaufwendungen bei Fremdfinanzierung), allerdings wird das neue Kapital nicht zurückgezahlt wie ein Kredit.

Nachteil:
Minderung der unternehmerischen Entscheidungsfreiheit

Eigenfinanzierung als **Innenfinanzierung** (Selbstfinanzierung):
Kapital wird innerhalb des Unternehmens neu geschaffen.

Gewinn verbleibt als *offene Selbstfinanzierung* im Unternehmen, d. h. er wird in der Bilanz ausgewiesen.	Der ausgewiesene Gewinn wird als *stille Selbstfinanzierung* „künstlich" gemindert durch Unterbewertung der Vermögensteile oder Überbewertung der Schulden.

Abschreibungsfinanzierung: Da Abschreibungen in die Verkaufspreise einkalkuliert werden, fließt durch die Umsatzerlöse bereits dann Geld in das Unternehmen, wenn die abzuschreibenden Vermögensteile noch benutzt werden. Das Geld steht schon vor dem geplanten Ersatz des Vermögensteiles (Nutzungsdauer) zur Verfügung und kann für eine Erweiterung des Anlagevermögens (Kapazitätserweiterung) oder für andere Zwecke wie Rationalisierungsinvestitionen genutzt werden.

6.3 Kreditarten

Lang- und mittelfristige Kredite

Die Fremdfinanzierung von Anlagevermögen, das lange im Unternehmen verbleibt, wird meist nicht kurzfristig geplant, da auch wegen möglicher Zinsschwankungen die Sicherung der Liquidität gefährdet wäre.

Für die Finanzierung von Grundstücken und Gebäuden bietet sich die ***Hypothek*** an:

- Eintragung im Grundbuch zugunsten des Kreditgebers als Kreditsicherung
- Zinsbindung von 5 bis 30 Jahren
- Rückzahlung durch Annuitätentilgung: monatliche Belastung bleibt über die gesamte Laufzeit gleich hoch, jedoch sinken mit der Zeit die Zinsanteile der Annuitätenrate und die Tilgungsanteile erhöhen sich durch stetige, aber langsame Tilgung des aufgenommenen Kredites
- Haftung dinglich (mit der Immobilie) und zusätzlich auch persönlich

Die ***Grundschuld*** ist zunächst kein eigentlicher Kredit mit einer Kreditforderung, sondern eine Grundbucheintragung auf einen Gläubiger oder auf den Eigentümer der Immobilie auf eine bestimmte Höhe und einen bestimmten Rang als Sicherheit. Sollte dann ein Kredit benötigt werden, so kann er bis zu dieser Höhe aufgenommen, wieder getilgt, ein geringerer Betrag aufgenommen werden usw. Daher ist eine Grundschuld als eine Art „Überziehungskreditmöglichkeit" auf eine Immobilie, ohne persönliche Haftung des Immobilieneigners, zu bewerten. Die Grundschuld besteht bis zur Löschung im Grundbuch fort, selbst wenn kein Kredit existiert.

Für Anlagevermögen, das eine lang- bis mittelfristige Nutzungsdauer hat, bietet sich an:

Die Sicherungsübereignung

- Das *Eigentum* an einer Sache wird auf den Kreditgeber übertragen, bis der Kredit zurückgezahlt ist.
- Der Schuldner verbleibt aber im *Besitz* des Vermögensteiles, um es weiterhin zu nutzen.

Das Darlehen

- Es besteht eine längerfristige Laufzeit auf eine bestimmte Summe mit einer bestimmten Zinsbindung.
- Durch Raten- oder Annuitätentilgung verteilt sich die finanzielle Belastung auf mehrere Jahre.
- Der Darlehensgeber verlangt zumeist Kreditsicherheiten.

Das Leasing

- Gegen eine Leasingrate werden Vermögensteile gemietet.
- Es erfolgt keine Eigentumserwerb an der Sache.
- Die eigentliche Investition entfällt, aber es entstehen hohe Fixkosten.
- Eine schnellere Anpassung an den technischen Fortschritt erfolgt.
- Nach einer bestimmten Zeit kann eventuell eine Kaufoption bestehen.

Kurzfristige Kredite

Das Umlaufvermögen kann auf verschiedene Weise als Kreditsicherheit zur Überbrückung kurzfristiger Liquiditätsengpässe oder zur Sicherung der Liquidität überhaupt zur Verfügung stehen:

Lieferantenkredit

- Ein Lieferant gewährt beim Wareneinkauf Zielzahlung.
- Sollte das Zahlungsziel so lange dauern, dass durch den Weiterverkauf der Waren bereits Umsatzerlöse eingehen, bevor die Eingangsrechnung beglichen wird, handelt es sich um eine Vorfinanzierung des Warengeschäftes durch den Lieferanten.
- Der Lieferantenkredit ist vertraglich oft mit einem Eigentumsvorbehalt verbunden.

Kundenkredit

- Beim Verkauf wird eine Anzahlung auf die ausstehende Forderung von Kunden verlangt.
- Erhöht die Sicherheit, dass der Kunde die Ware oder die Leistung abnimmt und zahlt.

Zession

- Durch den Zielverkauf an Kunden entstehen Forderungen.
- Diese können als Sicherheit an einen Kreditgeber abgetreten werden, der die Zahlungsfähigkeit des Drittschuldners (des Kunden) prüft.
- Bei der *offenen Zession* erfährt der Kunde von der Abtretung und zahlt bei Ablauf des Zahlungszieles direkt an den Kreditgeber.
- Bei der *stillen Zession* erfolgt keine Benachrichtigung des Kunden, er zahlt an seinen Lieferanten.

Factoring

- Alle ausstehenden Forderungen an Kunden werden an einen Factor verkauft.
- Der Factor bevorschusst die Forderungen und zahlt (nach einem hohen Abschlag) deren Wert an den Kreditnehmer aus.
- Der Factor übernimmt das Ausfallrisiko (Delkrederefunktion).
- Oft übernimmt der Factor auch die gesamte Debitorenbuchhaltung und das Inkasso- und Mahnwesen.

Lombardkredit

- Zum Umlaufvermögen zählende Vermögensteile dienen als Kreditsicherheit.
- Wertpapiere werden z. B. als Pfand in den *Besitz* des Kreditgebers übergeben.
- Das *Eigentum* am Pfand verbleibt beim Kreditnehmer.

Diskontkredit

- Der Diskontkredit ist der Verkauf eines Besitzwechsels an eine Bank vor der Fälligkeit.
- Der Kunde als Bezogener akzeptiert eine ihm vom Lieferanten als Wechselaussteller übergebene Tratte.
- Der Lieferant kann den Besitzwechsel bis zum Verfalltag aufheben, ihn vor dem Verfalltag als Zahlungsmittel an eigene Gläubiger weiterreichen (indossieren) oder bei einer Bank diskontieren lassen.
- Die Bank zieht die Diskontzinsen von der Wechselsumme ab und schreibt dem Einreicher des Besitzwechsels den Barwert gut.

Kontokorrentkredit

- Es besteht die Überziehungsmöglichkeit des Bankgirokontos bis zu einer bestimmten Kreditlinie.
- Kurzfristige Schwankungen beim Kapitalbedarf werden ausgeglichen.

Bürgschaft

- Eine dritte Person als Bürge zur Kreditsicherung schließt einen Bürgschaftsvertrag mit dem Kreditgeber.
- Zahlt der Kreditnehmer am Fälligkeitstag nicht, besteht bei der *selbstschuldnerischen Bürgschaft* eine sofortige Zahlungsverpflichtung des Bürgen.
- Bei der *Ausfallbürgschaft* hat der Bürge die Einrede der Vorausklage, d. h., dass er erst nach fruchtloser Zwangsvollstreckung beim Kreditnehmer zahlen muss.

6.4 Insolvenz

Ist das Unternehmen überschuldet (mehr Schulden als Vermögen) oder zahlungsunfähig oder beides, kann der/die Unternehmer/-in zunächst außergerichtlich Folgendes veranlassen:

- Sanierung (Gesundung) durch Kosteneinsparungen, neue Aufträge, Umschuldung usw. anstreben
- Gläubiger um einen außergerichtlichen Vergleich bitten (Zahlungsaufschub oder teilweiser Verzicht auf Zahlung)

Das Insolvenzverfahren

1. Antrag auf Eröffnung durch Schuldner oder Gläubiger beim Insolvenzgericht
2. Eröffnung des Verfahrens oder Ablehnung mangels Masse
3. Ernennung eines Insolvenzverwalters (der Schuldner hat kein Recht mehr auf Vermögensverwaltung)
4. Insolvenzplan legt Insolvenzmasse fest
5. Insolvenzverwalter bestimmt Maßnahmen zur Sanierung und zum gerichtlichen Vergleich
6. Nach gescheitertem Sanierungsversuch wird die Auflösung des Unternehmens abgewickelt.
7. Nach sechs „redlichen" Jahren mit Abtretung aller pfändbaren Forderungen aus Lohn und Gehalt wird dem/der Unternehmer/-in die Restschuld erlassen.

Wirtschafts- und Sozialkunde

1 Grundlagen des Wirtschaftens

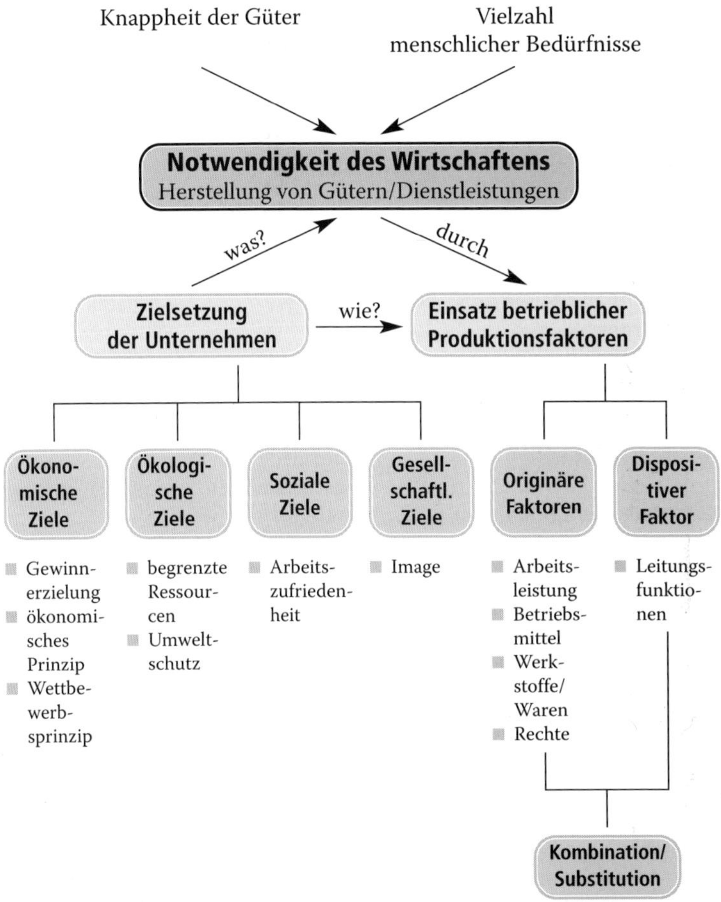

1.1 Vielzahl der Bedürfnisse

Bedürfnisse sind das Gefühl eines Mangels mit dem Bestreben, diesen Mangel zu beseitigen. Bedürfnisse sind unbegrenzt und individuell verschieden. Sie unterliegen einem ständigen Wandel und sind abhängig von Einkommen, Bildungsgrad und Umwelt.

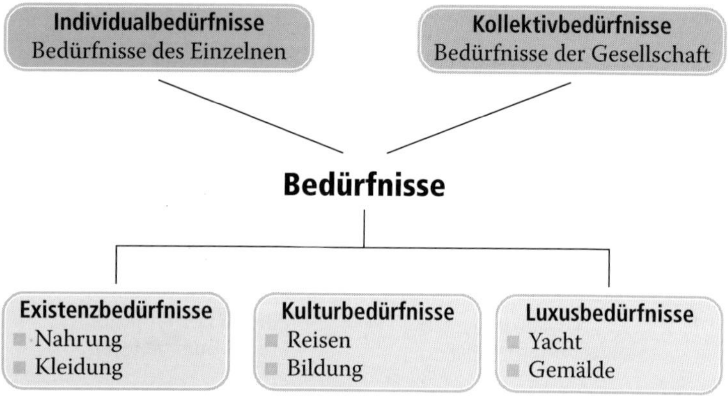

Bedarf ist der Teil der Bedürfnisse, der aufgrund der zur Verfügung stehenden Mittel befriedigt werden kann. Wird der Bedarf am Markt wirksam, liegt Nachfrage vor. Um die Nachfrage befriedigen zu können, müssen Güter (Sachgüter und Dienstleistungen) hergestellt werden.

1.2 Knappheit der Güter

Die meisten Güter sind knapp (z. B. Rohöl); sie sind Gegenstand des Wirtschaftens (Wirtschaftsgüter) und unterliegen der Preisbildung. Nur wenige Güter sind reichlich vorhanden (freie Güter, z. B. Wind) und deshalb nur teilweise Gegenstand wirtschaftlichen Handelns (z. B. Windkraftanlagen).

- **Güter**
  - **freie Güter** z. B. Wind/Luft
  - **Wirtschaftsgüter** (knapp)
    - **Sachen**
      - **Produktionsgüter**
        - **Verbrauchsgüter** z. B. Rohstoffe
        - **Gebrauchsgüter** z. B. Maschinen
      - **Konsumgüter**
        - **Verbrauchsgüter** z. B. Lebensmittel
        - **Gebrauchsgüter** z. B. Wohnungseinrichtung
    - **Rechte** z. B. Gütezeichen, Patente
    - **Dienstleistungen** z. B. Steuerberatung, Versicherungsschutz

1.3 Notwendigkeit des Wirtschaftens

Aus diesem Spannungsfeld (Vielzahl der Bedürfnisse vs. Knappheit der Güter) ergibt sich die Notwendigkeit des Wirtschaftens, d.h. mit planvollen Mitteln den Bedarf nach Gütern so weit wie möglich zu decken.

1.4 Zielsetzungen der Unternehmen

Die Unternehmen als rechtlich/wirtschaftlich-finanzielle Wirtschaftssubjekte haben die Funktion, Güter/Dienstleistungen zu produzieren und am Markt anzubieten; sie verfolgen dabei verschiedene Zielsetzungen.

1.4.1 Ökonomische Ziele

Gewinnerzielung

Hierbei wird zwischen dem erwerbswirtschaftlichen und dem gemeinwirtschaftlichen Prinzip unterschieden. Vorrangiges Ziel der Unternehmen ist es, einen möglichst hohen Gewinn zu erzielen (erwerbswirtschaftliches

Prinzip = Gewinnmaximierung). Daneben gibt es Unternehmen (öffentliche Unternehmen, z.B. kommunale Krankenhäuser), die versuchen, eine Kostendeckung zu erreichen oder mit möglichst geringem Verlust (Verlustminimierung) zu wirtschaften (gemeinwirtschaftliches Prinzip).

Ökonomisches Prinzip

Um einen angestrebten Erfolg (z.B. Gewinnerzielung) zu erreichen, muss rational bzw. wirtschaftlich gehandelt werden. Dies liegt immer dann vor, wenn nach dem ökonomischen Prinzip gehandelt wird.

Ökonomisches Prinzip

Minimumprinzip

Ein bestimmter Erfolg soll mit dem geringstmöglichen Mitteleinsatz erzielt werden.

Maximumprinzip

Mit den gegebenen Mitteln soll ein größtmöglicher Erfolg erzielt werden.

Wettbewerbsprinzip

Das Erzielen von Gewinn bzw. das Handeln nach dem ökonomischen Prinzip ist zur Erhaltung der internationalen Wettbewerbsfähigkeit für die Unternehmen zwingend notwendig.

1.4.2 Ökologische Ziele

Die ökologischen Zielsetzungen bei Erstellung/Verbrauch von Gütern und Dienstleistungen sollen

- die Schonung natürlicher Ressourcen,
- die Reduzierung der Schadstoffbelastungen

sicherstellen.

Begrenzte Ressourcen

Der Mensch bezieht seine Nahrungsmittel und Rohstoffe aus der Natur (z.B. Bodenschätze); diese sind knapp, d. h. nicht beliebig vermehrbar und an eine bestimmte Lage gebunden. Deshalb muss schonend mit ihnen umgegangen werden.

Umweltschutz

Der Umweltschutz nimmt im Rahmen der weltweit zunehmenden Produktion einen immer höheren Stellenwert ein. Aufgrund zunehmender Umweltkatastrophen und zur Erhöhung der Wettbewerbsfähigkeit (und der Imageverbesserung) verpflichten sich viele Unternehmen, einer möglichst umweltschonenden Produktion von Waren und Dienstleistungen gerecht zu werden (nachhaltiges Wirtschaften).
Typische Beispiele sind:

- Einsatz recycelfähiger Teile
- Umstellung auf Bahntransporte
- Verkürzung der Transportwege
- Einsatz regenerativer Energien
- Verringerung des Verbrauchs an Papier
- Verzicht auf seltene Hölzer
- Umweltschutzinvestitionen (Dämmung, Filteranlagen)

1.4.3 Soziale Ziele

Der Begriff „nachhaltiges Wirtschaften" sollte sich nicht nur auf Umweltschutzmaßnahmen konzentrieren, sondern muss auch die Mitarbeiter/-innen der Unternehmen einbeziehen. Dazu gehören z. B.

- eine angemessene Ausstattung der Produktionsstätte,
- humane Arbeitsbedingungen,
- der Schutz der Mitarbeiter/-innen vor Giftstoffen und chem. Substanzen,
- eine leistungsgerechte Entlohnung,
- die Qualifizierung der Mitarbeiter/-innen.

1.4.4 Gesellschaftliche Ziele

Neben den bisher dargestellten Zielen spielt für die Unternehmen ihr Bild/Eindruck in der Öffentlichkeit (Image) eine sehr große Rolle; deshalb interessieren sie sich verstärkt für gesellschaftliche Belange und engagieren sich entsprechend (z. B. über Stiftungen, ausführliche Berichterstattungen zur Nachhaltigkeit, umfassende Öffentlichkeitsarbeit).

1.5 Einsatz betrieblicher Produktionsfaktoren

Produktionsfaktoren sind die grundsätzlichen Einsatzmittel, mit denen Güter und Dienstleistungen erstellt werden; man unterscheidet die originären Faktoren (Elementarfaktoren) und den dispositiven Faktor.

Originäre Faktoren				Dispositiver Faktor
Arbeitsleistung	Betriebsmittel	Werkstoffe/ Waren	Rechte	
überwiegend körperliche (ausführende) Arbeit	alle Anlagen und alle Einrichtungen, welche die technischen Voraussetzungen zur Leistungserstellung bilden, z. B. Maschinen und maschinelle Anlagen, Werkzeuge	Roh-, Hilfs- und Betriebsstoffe, fremdbezogene Teile, Waren	behördliche Genehmigungen sowie Nutzungsrechte (z. B. Patente)	Fähigkeit, die Elementarfaktoren zu kombinieren, d. h. Leitungsfunktionen zu übernehmen i. S. v. Zielsetzung, Planung, Organisation, Kontrolle/Revision, Repräsentation

1.6 Kombination/Substitution

Für die Leistungserstellung ist es notwendig, immer mehrere Produktionsfaktoren miteinander zu kombinieren. Dabei ist darauf zu achten, dass nach dem ökonomischen Prinzip gehandelt wird, d. h. der Aufwand in einem möglichst günstigen Verhältnis zum Ertrag steht.
Aufgrund der internationalen Konkurrenz und des Preisdrucks sind die Unternehmen gezwungen, teuer gewordene Produktionsfaktoren durch kostengünstigere zu ersetzen (Substitution).

2 Rechtliche Rahmenbedingungen

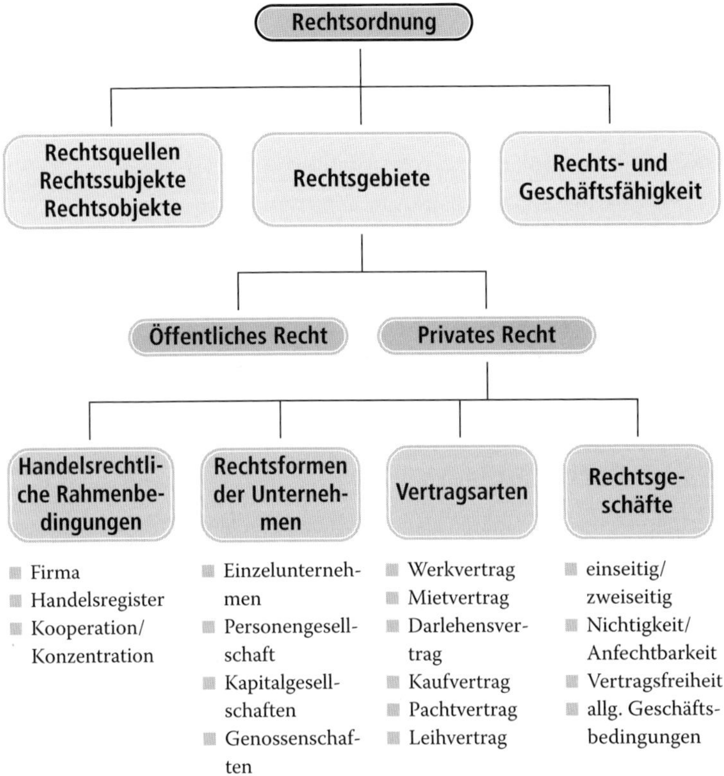

2.1 Rechtsordnung

Für ein geordnetes Zusammenleben in einer Gesellschaft ist das Vorhandensein einer Rechtsordnung (= alle in einem Staat geltenden Rechtsnormen, z. B. Gesetze, Verordnungen, Entscheidungen der Gerichte) unerlässlich.

2.2 Rechtsquellen

Sie sind die Grundlagen der geltenden Rechtsnormen und bestehen im Wesentlichen aus:

Gesetzen	vom zuständigen Parlament beschlossene Regelungen
Verordnungen	detaillierte Regelungen auf der Grundlage von Gesetzen (z. B. Umsatzsteuergesetz – Umsatzsteuer-Durchführungsverordnung)
Satzungen	Statuten, die von Personen des privaten/öffentlichen Rechts im Rahmen ihrer Autonomie erlassen werden (z. B. Satzung der IHK, Verein)
Gerichtsurteilen	richterliche Entscheidungen

2.3 Rechtssubjekte

Rechtssubjekte sind natürliche und juristische Personen.
Natürliche Personen sind alle Menschen.
Juristische Personen sind Personenvereinigungen oder Vermögensmassen.

Man unterscheidet:

- juristische Personen des privaten Rechts:
  - Kapitalgesellschaften, z. B. AG, GmbH
  - eingetragene Vereine, z. B. Musikverein
  - privatrechtliche Stiftungen, z. B. Stiftung Warentest
- juristische Personen des öffentlichen Rechts:
  - Körperschaften des öffentlichen Rechts, z. B. IHK
  - Anstalten des öffentlichen Rechts, z. B. Rundfunkanstalt

2.4 Rechtsobjekte

Rechtsobjekte sind Gegenstände (Sachen und Rechte) des Rechtsverkehrs. Sachen sind körperliche Gegenstände; sie lassen sich unterteilen in:

bewegliche Sachen	z. B. Konsum-/Investitionsgüter
unbewegliche Sachen	z. B. Gebäude, Grundstücke
vertretbare Sachen	Gattungsware = bewegliche Sachen
nicht vertretbare Sachen	Speziesware = einmalige Sache, z. B. Gemälde

Rechte sind immaterielle Dinge, z. B. das Recht, von einer anderen Person ein Tun oder Unterlassen zu verlangen, z. B. Mietforderung, Besitzrecht.

Eigentum ist die *rechtliche* Verfügungsgewalt über eine Sache (§§ 903 ff. BGB).

Besitz ist die *tatsächliche* Verfügungsgewalt über eine Sache (§§ 854 ff. BGB).

2.5 Rechts- und Geschäftsfähigkeit

Rechtsfähigkeit ist die Fähigkeit, Träger von Rechten und Pflichten zu sein. Sie beginnt bei natürlichen Personen mit der Geburt und endet mit dem Tod; bei juristischen Personen beginnt sie mit der Gründung (Eintragung in ein Register) und endet mit der Auflösung/Löschung.
Geschäftsfähigkeit bedeutet die Fähigkeit, Rechtsgeschäfte selbstständig und rechtswirksam abschließen zu können.
Sie richtet sich bei natürlichen Personen nach dem Lebensalter:

Geschäftsunfähigkeit	wer nicht das siebte Lebensjahr vollendet hat, wer sich in einem Zustand dauernder Geistesgestörtheit befindet; die Willenserklärung ist nichtig
beschränkte Geschäftsfähigkeit	Minderjährige vom vollendeten siebten Lebensjahr an bis zum vollendeten 18. Lebensjahr; die Willenserklärungen sind schwebend unwirksam
volle Geschäftsfähigkeit	grundsätzlich alle volljährigen Personen; die Willenserklärungen sind rechtswirksam

2.6 Rechtsgebiete

Die Rechtsordnung eines Staates gliedert sich in die Bereiche Privatrecht und öffentliches Recht.

Privatrecht	öffentliches Recht
Regelung des Verhältnisses der Einzelnen zueinander (Individualinteresse) Grundsatz: Gleichordnung	Regelung des Verhältnisses des Einzelnen zur Gesellschaft (Sozialinteresse) Grundsatz: Über- bzw. Unterordnung

Bürgerliches Recht	Handelsrecht	Arbeitsrecht, Wettbewerbsrecht u. a.	Steuerrecht	Staats- und Verwaltungsrecht	Strafrecht, Prozessrecht
Bürgerliches Gesetzbuch	z. B. Handelsgesetzbuch	z. B. Kündigungsschutzgesetz	z. B. Einkommensteuergesetz und Abgabenordnung	z. B. Grundgesetz	z. B. Strafgesetzbuch, Strafprozessordnung

2.7 Handelsrechtliche Rahmenbedingungen

Firma

Die Firma eines Kaufmanns ist der Name, unter dem er seine Geschäfte betreibt und die Unterschrift abgibt (§ 17 Abs. 1 HGB). Ein Kaufmann kann unter seiner Firma klagen und verklagt werden (§ 17 Abs. 2 HGB). In § 19 HGB ist die Bezeichnung der Firma bei Einzelhandelskaufleuten, einer OHG oder KG festgelegt; so muss die Firma bei Einzelhandelskaufleuten die Bezeichnung „eingetragener Kaufmann", „eingetragene Kauffrau" oder die Abkürzung „e. K.", „e. Kfm." oder „e. Kffr." enthalten.

Firmengrundsätze

- Firmenwahrheit

Die Firma darf keine Angaben enthalten, die irreführend sein können.

- Firmenausschließlichkeit

Die Firma muss sich eindeutig von allen am selben Ort im Handelsregister eingetragenen Firmen unterscheiden.

- Firmenbeständigkeit

Bei Erwerb bzw. Inhaberwechsel kann die bisherige Firma – mit Einwilligung des bisherigen Inhabers oder dessen Erben – mit oder ohne Zusatz weitergeführt werden.

Handelsregister

Das Handelsregister ist das öffentliche Verzeichnis aller Kaufleute in einem Amtsgerichtsbezirk; jeder Kaufmann ist dazu verpflichtet, seine Firma dort registrieren zu lassen. In Abteilung A sind Einzelunternehmen und Personengesellschaften, in Abteilung B alle Kapitalgesellschaften eingetragen. Die Eintragungen sind entweder rechtserzeugend (konstitutiv = eine Rechtswirkung entsteht erst durch die Eintragung) oder rechtsbezeugend (deklaratorisch = Rechtswirkung schon vor der Eintragung).

Kooperation/Konzentration = Unternehmenszusammenschlüsse

Kooperation: Mehrere Unternehmen verpflichten sich per Vertrag zur Zusammenarbeit und geben dabei einen Teil ihrer wirtschaftlichen Selbstständigkeit auf.
Konzentration: Die zusammengehenden Unternehmen geben ihre rechtliche und/oder wirtschaftliche Selbstständigkeit auf bzw. werden darin eingeschränkt.

Kooperationsformen:

- horizontal (Unternehmen der gleichen Wirtschaftsstufe)
- vertikal (Unternehmen verschiedener Wirtschaftsstufen)
- diagonal (Unternehmen branchenfremder Wirtschaftsstufen)
- Grad der Selbstständigkeit (Interessengemeinschaft, Kartell, Konzern, Konsortium, Trust)

Gründe für eine Kooperation bzw. Konzentration:

- Risikostreuung
- größere Marktmacht
- neue Beschaffungs-/Absatzmärkte
- bessere Kapitalausnutzung
- kostengünstigere Produktion
- steuerliche Vorteile
- bessere Produktionsauslastung

2.8 Rechtsformen der Unternehmen

Unternehmensformen

Einzelunternehmung und Personengesellschaften
- Einzelunternehmen
- Offene Handelsgesellschaft
- Kommanditgesellschaft
- GmbH & Co. KG
- Stille Gesellschaft

Kapitalgesellschaften
- Aktiengesellschaft
- Gesellschaft mit beschränkter Haftung
- Kommanditgesellschaft auf Aktien

Besondere Gesellschaftsformen
- Genossenschaften
- Gesellschaft des bürgerlichen Rechts

Einzelunternehmen

Das Unternehmen wird von einer einzelnen Person geführt; er/sie hat alle Rechte und Pflichten.

Personengesellschaften

Bei den Personengesellschaften teilen sich mehrere Personen die Rechte und Pflichten. Merkmale:
- persönliche Haftung der Gesellschafter
- persönliche Mitarbeit
- Übertragbarkeit/Vererbbarkeit grundsätzlich nur mit Zustimmung der anderen

Formen

Offene Handelsgesellschaft (OHG)	Zwei oder mehrere Personen betreiben unter einer Firma ein Handelsgewerbe; jeder Gesellschafter haftet unbeschränkt gegenüber den Gläubigern der OHG.
Kommanditgesellschaft (KG)	In der KG haftet der Komplementär unbeschränkt, während die Kommanditisten beschränkt (nur in Höhe ihrer Einlagen) haften.

GmbH & Co. KG	Eine Kommanditgesellschaft, bei der der Komplementär eine GmbH ist, die beschränkt haftet.
Stille Gesellschaft	Eine Person beteiligt sich an einem Handelsgewerbe mit einer Einlage, ohne nach außen in Erscheinung zu treten.

Kapitalgesellschaften

Bei der Kapitalgesellschaft ist die Mitgliedschaft auf die reine Kapitalbeteiligung ausgerichtet. Rechtlich handelt es sich um Körperschaften des privaten Rechts, also um juristische Personen. Dazu zählen die Aktiengesellschaft (AG), die Gesellschaft mit beschränkter Haftung (GmbH) und die Kommanditgesellschaft auf Aktien (KGaA).
Merkmale:

- Alle Gesellschaften haften nur mit ihrer Einlage (Ausnahme: KGaA).
- Bei der AG und GmbH ist ein Mindestkapital erforderlich.
- Die Kapitalanteile sind leicht erwerbbar und veräußerlich.
- Die Unternehmensleitung wird einem Organ übertragen (z. B. Vorstand).
- Die Gewinnverteilung wird von der Haupt-/Gesellschafterversammlung beschlossen.

Genossenschaften

Die Genossenschaft ist eine im Genossenschaftsregister eingetragene Sachfirma mit dem Zusatz eG; zur Gründung sind mindestens drei Gründer erforderlich. Es handelt sich um eine Gesellschaft, welche den Erwerb oder die Wirtschaft ihrer Mitglieder mittels eines gemeinschaftlichen Geschäftsbetriebes fördern will (z. B. Einkaufs-, Baugenossenschaft).

2.9 Vertragsarten

Vertragsart	*Vertragsinhalt*	*Vertragspflichten*
Kaufvertrag	Übereignung von Sachen oder Rechten gegen Entgelt (§§ 433 ff. BGB)	Verkäufer: mangelfreie Übergabe und Eigentumsverschaffung Käufer: Annahme und Zahlung des Kaufpreises
Werkvertrag	Herstellung eines Werkes gegen Entgelt bzw. Leistung von Diensten mit Erfolgsgarantie	Unternehmer: Herstellung des versprochenen Werkes Besteller: Annahme und Zahlung der vereinbarten Vergütung

Mietvertrag	Überlassung von Sachen gegen Entgelt	Vermieter: Gewährung des Gebrauchs der vermieteten Sache Mieter: Zahlung der vereinbarten Miete; Rückgabe derselben Sache
Darlehensvertrag	Überlassung von Geld gegen Zinszahlung und Rückzahlung bei Fälligkeit	Darlehensgeber: Überlassung des vereinbarten Betrages Darlehensnehmer: Zahlung der vereinbarten Zinsen und Rückzahlung bei Fälligkeit
Pachtvertrag	entgeltliche Überlassung von Sachen/Rechten zum Gebrauch und zum Fruchtgenuss	Verpächter: Übergabe der vereinbarten Dinge Pächter: Zahlung der Pacht und Rückgabe bei Fälligkeit
Leihvertrag	unentgeltliche Überlassung von Sachen zum Gebrauch	Verleiher: Überlassung der vereinbarten Sache Entleiher: Rückgabe der geliehenen Sache bei Fälligkeit

2.10 Rechtsgeschäfte

Rechtsgeschäfte kommen durch eine oder mehrere Willenserklärungen zustande; sie können mündlich, schriftlich oder durch konkludentes (schlüssiges) Handeln abgegeben werden.

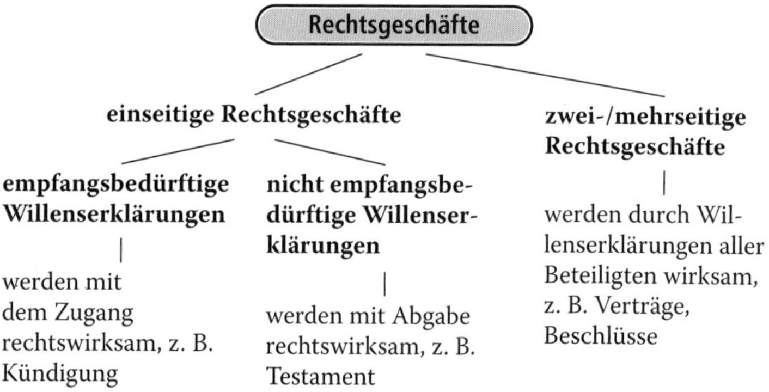

Verträge können sein:

- **einseitig verpflichtend,** z. B. Bürgschaftsvertrag, Schenkungsvertrag
- **zweiseitig verpflichtend,** z. B. Kaufvertrag, Werkvertrag, Darlehensvertrag

Nichtigkeit/Anfechtbarkeit

Nichtige Rechtsgeschäfte sind von Anfang an ungültig; Rechtsgeschäfte bleiben bis zur Anfechtung gültig und werden danach rückwirkend ungültig.

Nichtigkeitsgründe	Anfechtungsgründe
Formmangel	Irrtum in der Erklärung
Geschäftsunfähigkeit	Irrtum in der Übermittlung
Sittenwidrigkeit	Irrtum über wesentliche Eigenschaften einer Person oder Sache
Scherzgeschäfte	arglistige Täuschung
gesetzliches Verbot	widerrechtliche Drohung
Scheingeschäfte	

Vertragsfreiheit

Vertragsfreiheit bedeutet, dass die Vertragspartner frei entscheiden können,

- ob sie einen Vertrag,
- mit wem sie einen Vertrag,
- worüber sie einen Vertrag

abschließen.

Allgemeine Geschäftsbedingungen (AGB)

Vertragsregelungen, die ein Vertragspartner seinen Verträgen allgemein zugrunde legt; meist als „Kleingedrucktes“ auf der Rückseite von Vertragsanträgen zu finden. Durch gesetzliche Regelung der AGB (§§ 305 ff. BGB) soll der wirtschaftlich schwächere Vertragspartner (meist der Verbraucher) geschützt (z. B. durch Rücktrittsrecht bei Ratenkäufen) und so verhindert werden, dass dieser durch kundenunfreundliche Bedingungen benachteiligt wird.

3 Arbeitsrecht/Soziale Sicherung

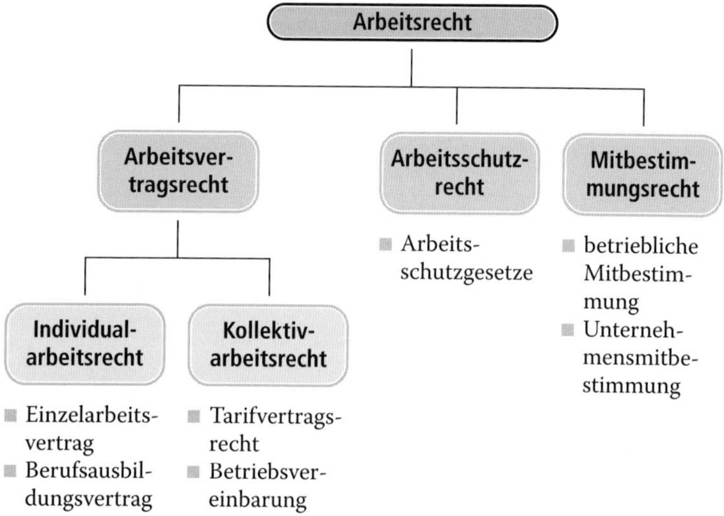

3.1 Arbeitsrecht

Das Arbeitsrecht soll den Arbeitnehmern Sicherheit und Schutz bei ihrer Arbeit bieten. Es lässt sich in das Arbeitsvertragsrecht, das Arbeitsschutzrecht und das Mitbestimmungsrecht einteilen.

3.1.1 Arbeitsvertragsrecht

Arbeitsvertragsrecht

Individualarbeitsrecht

- Einzelarbeitsvertrag
- Berufsausbildungsvertrag

Kollektivarbeitsrecht

- Tarifvertragsrecht
- Betriebsvereinbarung

Individualarbeitsrecht

Es regelt das Verhältnis des einzelnen Arbeitnehmers/der Arbeitnehmerin zum Arbeitgeber (Einzelarbeitsvertrag/Berufsausbildungsvertrag).

Einzelarbeitsvertrag

Er regelt das Verhältnis des einzelnen Arbeitnehmers/der Arbeitnehmerin zum Arbeitgeber.

Pflichten des Arbeitnehmers/der Arbeitnehmerin u. a.

- Dienstleistungspflicht
- Schadenersatzpflicht
- Verschwiegenheitspflicht
- Beachtung des Wettbewerbsverbots

Pflichten des Arbeitgebers u. a.

- Vergütungspflicht
- Urlaubsgewährung
- Zeugnispflicht
- Fürsorgepflicht
- Informationspflicht
- Gleichbehandlungspflicht

Berufsausbildungsvertrag

Der Berufsausbildungsvertrag (Zweck- und Zeitvertrag) regelt die Rechtsbeziehungen zwischen dem Ausbildenden (Unternehmen) und dem/der Auszubildenden (und evtl. gesetzlichen Vertretern).

Pflichten des/der Auszubildenden u. a.

- Lernpflicht
- Weisungsgebundenheit
- Teilnahmeverpflichtungen (z. B. Berufsschule)
- Sorgfaltspflicht
- Verschwiegenheitspflicht
- Benachrichtigungspflicht

Pflichten des Ausbildenden u. a.

- Ausbildungspflicht
- Sorgepflicht
- kostenlose Arbeitsmittel
- Freistellungspflicht
- Vergütungspflicht
- Zeugnispflicht

Die Ausbildung wird von der zuständigen Stelle (z. B. IHK) überwacht, bei der der Berufsausbildungsvertrag eingetragen ist.

Mindestangaben des Berufsausbildungsvertrags

- Art, sachliche/zeitliche Gliederung
- Ausbildungsdauer
- Ausbildungsmaßnahmen außerhalb der Ausbildungsstätte
- Dauer der regelmäßigen täglichen Arbeitszeit
- Dauer der Probezeit
- Höhe der Vergütung
- Dauer des Urlaubs
- Hinweise auf Tarifverträge, Betriebs- und Dienstvereinbarungen

Beendigung des Ausbildungsverhältnisses

1. Zeitablauf (Vertragsende)
2. Zweckerreichung (Bestehen der Abschlussprüfung)
3. Aufhebungsvertrag (Auflösung im gegenseitigen Einvernehmen)
4. Kündigung
   - während der Probezeit (jederzeit, ohne Angabe von Gründen, fristlos, von beiden Seiten)
   - nach der Probezeit
     a) von beiden Seiten aus wichtigem Grund
     b) durch den/die Auszubildenden, Kündigungsfrist vier Wochen, Aufgabe der Ausbildung oder andere Ausbildung

Kollektivarbeitsrecht

Es regelt die Beziehungen zwischen Arbeitgebern oder deren Vertretern (Arbeitgeberverbände) und den Interessenvertretungen der Arbeitnehmer/-innen (Gewerkschaften/Betriebsräte).

Tarifvertragsrecht

Der Tarifvertrag ist ein Kollektivvertrag zwischen den Tarifparteien (z.B. Gewerkschaften und Arbeitgeberverbänden), in dem die Arbeitsbedingungen (Manteltarif- und Lohn-/Gehaltstarifvertrag) für alle unter seinen Geltungsbereich fallenden Personen in freier Vereinbarung (Tarifautonomie) einheitlich festgelegt werden, z.B.

- Arbeitszeit, Sonn- und Feiertagsarbeit,
- Mehrarbeit,
- Weiterbildung, Urlaub,
- Lohn- und Gehaltstarife,
- Ausbildungsvergütungen.

Betriebsvereinbarungen

sind Kollektivverträge, die zwischen dem einzelnen Arbeitgeber und dem Betriebsrat geschlossen werden, um die betriebliche Ordnung und die Rechtsverhältnisse zwischen dem Arbeitgeber und den Arbeitnehmern/Arbeitnehmerinnen zu gestalten, z.B.

- Beginn und Ende der täglichen Arbeitszeit (Gleitzeitordnung),
- Pausenregelung,
- Verhaltensregeln (z.B. Rauchen, Internetnutzung),
- Maßnahmen zur Verhütung von Arbeitsunfällen.

3.1.2 Arbeitsschutzrecht

Das Arbeitsschutzrecht gewährt den Arbeitnehmern/Arbeitnehmerinnen Schutz vor Gefahren, die sich aus der Arbeit ergeben, insbesondere den Schutz der Gesundheit und Sicherheit der Arbeitnehmer/-innen.

Arbeitsschutzgesetze u. a.

- Arbeitszeitgesetz (Dauer der täglichen Arbeitszeit/Ruhepausen)
- Arbeitsschutzgesetze (Schutz der Gesundheit)
- Beschäftigtenschutzgesetz (Schutz vor sexueller Belästigung)
- Bundesdatenschutzgesetz (Schutz von personenbezogenen Daten)
- Jugendarbeitsschutzgesetz (gesundheitliche Fürsorge Jugendlicher)
- Mutterschutzgesetz (besondere Schutzregelungen)
- Kündigungsschutzgesetz (Schutz vor sozial ungerechtfertigter Kündigung)

3.1.3 Mitbestimmungsrecht

Das Mitbestimmungsrecht regelt die Beteiligung der Arbeitnehmer/-innen an betrieblichen Entscheidungen.

Betriebliche Mitbestimmung

Die betriebliche Beteiligung am Entscheidungsprozess des Betriebes ist im Betriebsverfassungsgesetz geregelt. Es enthält im Einzelnen die Beteiligungsrechte des Betriebsrates und der Jugend- und Auszubildendenvertretung. Die Arbeitnehmer/-innen bzw. der Betriebsrat haben u. a. folgende Rechte:

- **Anhörungs- und Beschwerderecht** (in der Gestaltung des Arbeitsablaufs/Arbeitsplatzes)
- **Mitwirkungsrechte** (in wirtschaftlichen Angelegenheiten)
- **Mitbestimmungsrechte** (in sozialen/personellen Angelegenheiten)

Die Jugend- und Auszubildendenvertretung kann nur über den Betriebsrat bei Maßnahmen mitwirken, die die Jugendlichen bzw. Auszubildenden betreffen.

Unternehmensmitbestimmung

Die Unternehmensmitbestimmung bezieht sich auf die Beteiligung der Arbeitnehmer im Aufsichtsrat und im Vorstand in Kapitalgesellschaften.

Gesetzliche Basis	Regelungen
Betriebsverfassungsgesetz (bis 2 000 Arbeitnehmer/-innen)	Die Kapitalgeber stellen $\frac{2}{3}$, die Arbeitnehmer/-innen $\frac{1}{3}$ der Aufsichtsratsmitglieder (Drittelparität).
Montanmitbestimmungsgesetz (über 1 000 Arbeitnehmer/-innen)	Die Kapitalgeber stellen $\frac{1}{2}$, die Arbeitnehmer/-innen $\frac{1}{2}$ der Aufsichtsratsmitglieder (volle Parität).
Mitbestimmungsgesetz (über 2 000 Arbeitnehmer/-innen)	Die Kapitalgeber stellen $\frac{1}{2}$, die Arbeitnehmer/-innen $\frac{1}{2}$ der Aufsichtsratsmitglieder. Der Aufsichtsratsvorsitzende (immer Kapitalgeber) hat zwei Stimmen (eingeschränkte Parität).

3.2 Soziale Sicherung

Das Sozialrecht (geregelt im Sozialgesetzbuch – SGB) soll u. a. Schutz vor den finanziellen Lasten bei Krankheit, Pflege, Alter, Arbeitslosigkeit und berufsbedingtem Unfall bieten.

3.2.1 Zweige

Die Zweige der gesetzlichen Sozialversicherung sind:
- Krankenversicherung
- Pflegeversicherung
- Rentenversicherung
- Arbeitslosenversicherung
- Unfallversicherung

3.2.2 Leistungen

Leistungen der gesetzlichen Sozialversicherung:

Versicherungsträger	Leistungen
Krankenkasse	▪ ambulante Arztbehandlung ▪ Vorsorgeuntersuchungen ▪ Mutterschaftshilfe ▪ Krankenhauspflege
Pflegeversicherung	Übernahme von bzw. Zuschuss zu Kosten für ambulante und stationäre Pflege
Deutsche Rentenversicherung	▪ Rentenzahlungen ▪ Kur/Rehabilitation
Arbeitslosenversicherung	▪ Berufsberatung ▪ Arbeitslosengeld ▪ Arbeitsförderung
Unfallversicherung	▪ Heilbehandlungen ▪ Rehabilitation ▪ Verletztenrente/Hinterbliebenenrente

4 Markt und Preis/Wirtschaftsordnung

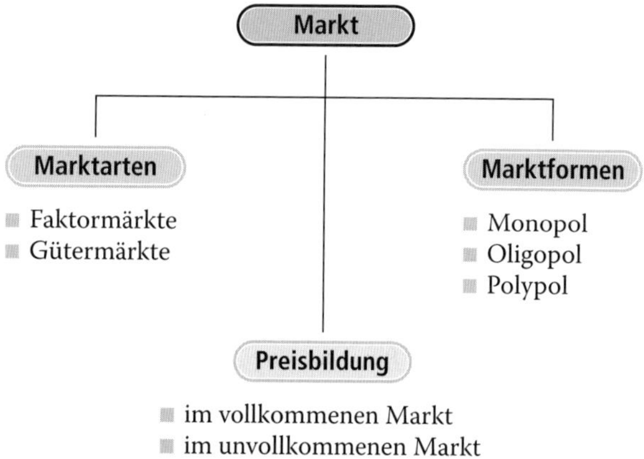

4.1 Markt

Auf dem Markt treffen Angebot und Nachfrage zusammen; das Ergebnis dieses Zusammentreffens ist die Preisbildung.

4.1.1 Marktarten

Die Marktarten lassen sich unterscheiden nach
- Faktormärkten: Arbeitsmarkt, Kapitalmarkt, Immobilienmarkt
- Gütermärkten: Konsum- und Investitionsgütermarkt, Dienstleistungsmarkt

4.1.2 Marktformen

Die verschiedenen Marktformen werden nach der Anzahl der Marktteilnehmer unterschieden.

Monopol

Ein Monopol liegt vor, wenn die Marktmacht bei einem Marktteilnehmer liegt.

Oligopol

Ein Oligopol liegt vor, wenn die Marktmacht bei wenigen Marktteilnehmern liegt.

Polypol

Von Polypol spricht man, wenn viele Anbieter und viele Nachfrager auf dem Markt auftreten.

Anbieter	Nachfrager		
	viele	wenige	einer
viele	Polypol	Nachfrageoligopol	Nachfragemonopol
wenige	Angebotsoligopol	zweiseitiges Oligopol	beschränktes Nachfragemonopol
einer	Angebotsmonopol	beschränktes Angebotsmonopol	zweiseitiges Monopol

4.2 Preisbildung

Die Preisbildung entsteht durch das Zusammenspiel von Angebot und Nachfrage auf dem Markt; hierbei spielt die Marktform eine bedeutende Rolle.

4.2.1 Preisbildung im vollkommenen Markt

Bei einem vollkommenen Markt müssen folgende Bedingungen erfüllt sein:

- Homogenität (Gleichartigkeit) der Güter
- keine Präferenzen (persönlich, räumlich, zeitlich)
- vollkommene Markttransparenz
- sofortige Reaktionen auf Veränderungen

Bezugsgrößen des Angebotes und der Nachfrage sind u. a.:

Angebot	Nachfrage
Gewinnmaximierung	Preis des Gutes
Faktorkosten	verfügbares Einkommen
Wettbewerbssituation	Bedarfsstruktur
Stand der Technik	Zukunftsentwicklung

Das Marktgleichgewicht wird durch den Gleichgewichtspreis und die dazugehörige Menge bestimmt.

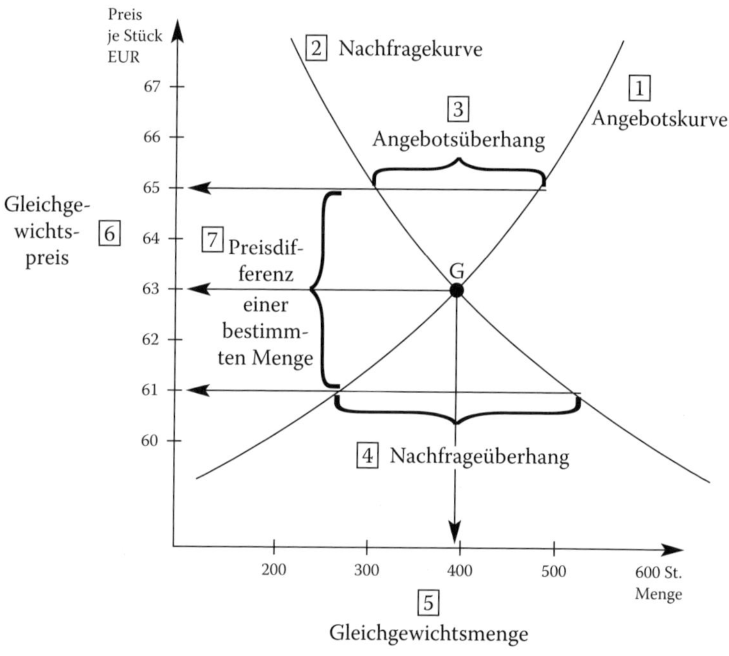

Im Schnittpunkt G zwischen der Angebotskurve (1) und der Nachfragekurve (2) befinden sich Angebot und Nachfrage im Gleichgewicht [angebotene Menge/nachgefragte Menge = Gleichgewichtsmenge (5)]. Der Preis, der dieser Menge entspricht, ist der Gleichgewichtspreis (6). Ziffer (3) zeigt einen Angebotsüberhang: Zu dem (höheren) Preis wird mehr angeboten als nachgefragt = Käufermarkt. Ziffer (4) zeigt einen Nachfrageüberhang: zu diesem (niedrigeren) Preis wird mehr nachgefragt als angeboten = Verkäufermarkt. Ziffer (7) zeigt die Preisdifferenz bei einer bestimmten Menge.

Funktionen des Gleichgewichtspreises

- Ausgleichsfunktion (Angebot und Nachfrage gleichen sich aus)
- Signalfunktion (Preis spiegelt den Knappheitsgrad der Güter wider)
- Lenkungsfunktion (Investitionen werden dort getätigt, wo eine erhöhte/neue Nachfrage erwartet wird)
- Ausschaltungsfunktion (Nachfrager werden aussortiert/Anbieter vom Markt verdrängt)

4.2.2 Preisbildung im unvollkommenen Markt

Der Gleichgewichtspreis bildet sich nur bei vollkommener Konkurrenz; diese Marktsituation ist in der Realität nie gegeben. Die Unternehmen geben Marktpreise aufgrund ihrer Preiskalkulationen (Kosten + Gewinn) vor; ob sie diese realisieren können, hängt von der konkreten Marktsituation ab:

- **monopolistische Verhaltensweise**

Der Unternehmer rechnet nicht mit Reaktionen von Konkurrenten auf seine Preisgestaltung; er kann den Preis bzw. die anzubietende Menge frei bestimmen.

- **oligopolistische Verhaltensweise**

Der Unternehmer kann das Marktgeschehen durch preis- und absatzpolitische Maßnahmen beeinflussen. Er muss allerdings mit Reaktionen der Konkurrenz rechnen und evtl. versuchen, durch Preisunterbietungen andere aus dem Markt zu drängen.

- **polypolistische Verhaltensweise**

Der Unternehmer geht davon aus, dass weder Konkurrenten noch Marktpartner auf seine eigene Preisgestaltung reagieren. Er akzeptiert den sich aus Angebot und Nachfrage bildenden Marktpreis und versucht, z.B. durch Beeinflussung der Angebotsmenge seinen Markteinfluss zu vergrößern.

4.3 Wirtschaftsordnung

Freie Marktwirtschaft

In der freien Marktwirtschaft plant und entscheidet das einzelne Wirtschaftssubjekt selbstständig und eigenverantwortlich; kennzeichnende Elemente sind u. a.:
- Privateigentum an Produktionsmitteln
- Grundsatz der Gewinn-/Nutzenmaximierung
- freie Preisbildung
- Freihandel (offene Märkte)

Der Staat verzichtet auf jegliche Einmischung.

Planwirtschaft

In der Planwirtschaft wird der gesamte Wirtschaftsprozess von einer zentralen Stelle (i. d. R. dem Staat) auf der Basis von Plänen gesteuert; kennzeichnende Elemente sind u. a.:
- Staats- oder Kollektiveigentum an Produktionsmitteln
- Grundsatz der Planerfüllung
- Bedarfsdeckungsprinzip (Festsetzung von Menge/Preis)
- Subordinationsprinzip (Unterordnung des Einzelnen)

Soziale Marktwirtschaft

Die soziale Marktwirtschaft basiert auf dem Modell der freien Marktwirtschaft (Individualprinzip), soll aber mithilfe einer aktiven Rolle des Staates soziale Aspekte berücksichtigen. Zu den Aufgaben des Staates gehören u. a.:
- soziale Sicherheit (Sozial-/Steuerpolitik)
- Sicherung des Wettbewerbs (Ordnungspolitik)
- Schutz der Umwelt (Umweltpolitik)
- Förderung der Wirtschaft (Struktur-/Konjunkturpolitik)

5 Steuern

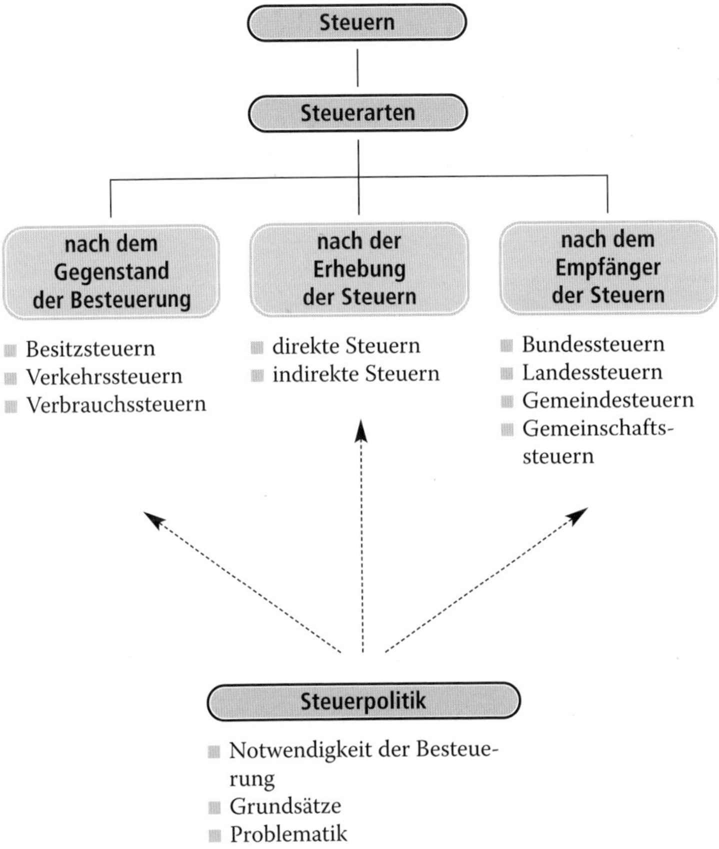
Steuern
Steuerarten
nach dem Gegenstand der Besteuerung
Besitzsteuern
Verkehrssteuern
Verbrauchssteuern
nach der Erhebung der Steuern
direkte Steuern
indirekte Steuern
nach dem Empfänger der Steuern
Bundessteuern
Landessteuern
Gemeindesteuern
Gemeinschaftssteuern
Steuerpolitik
Notwendigkeit der Besteuerung
Grundsätze
Problematik

5.1 Steuern

Steuern sind einmalige oder laufende Geldleistungen, die von einem öffentlich-rechtlichen Gemeinwesen (Bund, Länder, Gemeinden) in einmalig festgelegter Höhe ohne unmittelbare Gegenleistung erhoben werden; sie dienen zur Finanzierung der vom Gesetzgeber festgelegten Aufgaben.

5.2 Steuerarten

Steuern können nach verschiedenen Merkmalen eingeteilt werden:

5.2.1 Nach dem Gegenstand der Besteuerung

Besitzsteuern	Verkehrssteuern	Verbrauchssteuern
Steuern, die sich aus dem Einkommen und Vermögen von natürlichen und juristischen Personen unter Berücksichtigung der Leistungsfähigkeit berechnen	Steuern, die bei bestimmten rechtlichen und wirtschaftlichen Vorgängen anfallen	Steuern, die auf den Verbrauch bestimmter Güter erhoben werden
▪ Einkommensteuer ▪ Körperschaftsteuer u. a.	▪ Umsatzsteuer ▪ Grunderwerbsteuer ▪ Kfz-Steuer ▪ Versicherungssteuer u. a.	▪ Mineralölsteuer ▪ Bier-/Sektsteuer ▪ Tabaksteuer ▪ Salzsteuer u. a.

5.2.2 Nach der Erhebung der Steuern

direkte Steuern (Steuerträger und Steuerschuldner sind identisch)	z. B. Lohnsteuer, Erbschaftsteuer
indirekte Steuern (können vom Steuerschuldigen auf andere abgewälzt werden)	z. B. Umsatzsteuer, Branntweinsteuer

5.2.3 Nach dem Empfänger der Steuern

Bundessteuern	Landessteuern	Gemeindesteuern	Gemeinschafts-steuern
z. B. Kfz-Steuer, Tabaksteuer, Mine-ralölsteuer, Straßen-güterverkehrssteuer	z. B. Grunderwerb-steuer, Erbschaft-steuer	z. B. Grundsteuer, Hundesteuer, Gewerbesteuer	z. B. Umsatzsteuer, Körperschaftsteuer, Lohn- und Einkom-mensteuer

5.3 Steuerpolitik

Steuerpolitik ist ein Teil der Wirtschafts- und Sozialpolitik eines Staates.

Notwendigkeit der Besteuerung

Zur Finanzierung der festgelegten Aufgaben benötigen die öffentlichen Haushalte finanzielle Mittel, die über Steuern, Gebühren, Beiträge oder Kreditaufnahmen aufgebracht werden müssen. Die Einnahmen und die Ausgaben werden in einem Haushaltsplan gegenübergestellt; er muss stets ausgeglichen sein.

Grundsätze der Steuerpolitik

Grundsätze der Steuerpolitik sind u. a.:
- Berücksichtigung der Leistungsfähigkeit
- Berücksichtigung der sozialen Situation
- konjunkturelle Ausgewogenheit
- Familienförderung

Problematik

Die Steuerpolitik muss einerseits dem Grundsatz einer angemessenen Steuerbelastung Rechnung tragen, andererseits ihre wirtschafts- und sozialpolitischen Zielsetzungen erreichen.
Eine zu hohe Besteuerung führt zu einer Leistungsminderung; eine zu niedrige zu einem erheblichen Steuerausfall und damit zur Reduzierung notwendiger öffentlicher Aufgaben, z. B. Straßenbau.

6 Grundzüge der Wirtschaftspolitik

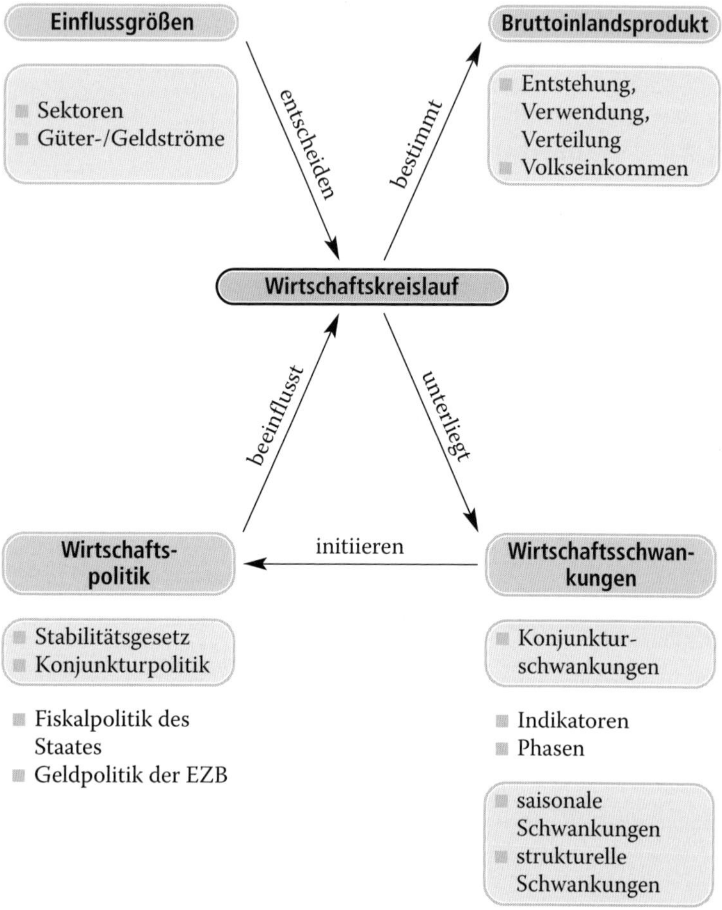

6.1 Einflussgrößen

Sektoren

Im Modell des Wirtschaftskreislaufs werden die verschiedenen wirtschaftlichen Transaktionen der beteiligten Wirtschaftssektoren
- Haushalte (konsumieren, sparen),
- Unternehmen (investieren, produzieren, verkaufen),
- Banken (geben Sparanreize, vergeben Kredite),
- Staat (erhebt Steuern, deckt Kollektivbedarf),
- Ausland (Importe/Exporte)

dargestellt.

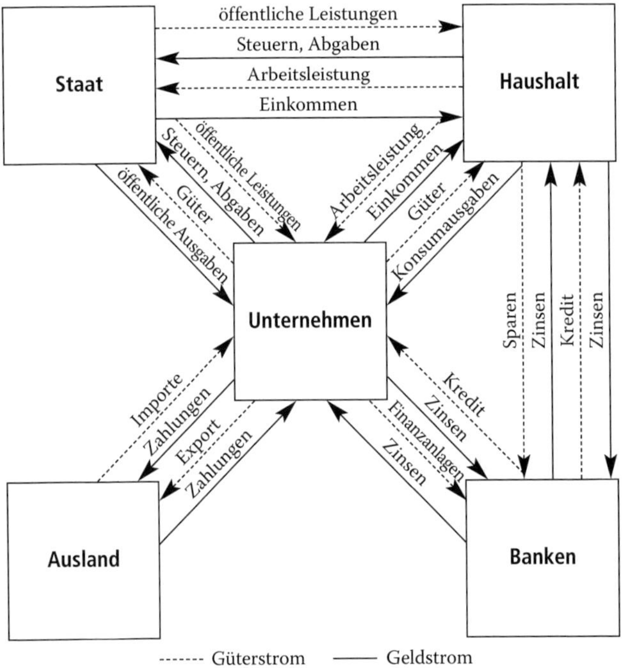

Durch ihre Entscheidungen beeinflussen sie die Qualität/Quantität der wirtschaftlichen Transaktionen.

Güter-/Geldströme

Nahezu jede dieser Transaktionen setzt sich aus einer Güterbewegung und aus einer entgegengesetzten Geldbewegung zusammen; gleichgerichtete Geld- und Güterbewegungen zwischen gleichartigen Wirtschaftssubjekten bezeichnet man als Geld- und Güterströme.

6.2 Bruttoinlandsprodukt (BIP)

Das Bruttoinlandsprodukt (BIP) ist die in Geldeinheiten ausgedrückte Summe aller im Laufe einer Periode in den Landesgrenzen einer Volkswirtschaft erzeugten Güter und Dienstleistungen (**Inlandskonzept**), egal ob von Inländern oder von Ausländern erzielt.

Berechnungsmethoden für das BIP:

Entstehungsrechnung	Verwendungsrechnung	Verteilungsrechnung
Es wird festgestellt, an welchem Ort das BIP entsteht, z. B. Handel, Verkehr, Industrie.	Es wird festgestellt, für welchen Zweck das BIP verwendet wurde, z. B. privater Verbrauch, Investitionen, Staatsverbrauch.	Es wird festgestellt, wie sich das Einkommen verteilt: ▪ Löhne und Gehälter ▪ Gewinne, Vermögenserträge

Bruttonationaleinkommen (BNE)

Das Bruttonationaleinkommen (BNE) ist die Summe aller im Laufe einer Periode von Inländern erzielten Einkommen (**Inländerkonzept**) aus Arbeit (Arbeitnehmereinkommen) und Kapital (Unternehmens- und Vermögenseinkommen), egal ob im Inland oder Ausland erzielt.

Berechnungsschema vom BIP zum Volkseinkommen:

Bruttoinlandsprodukt (BIP/Inlandskonzept)
\+ Saldo gezahlte/empfangene Einkommen übrige Welt
\+ Saldo gezahlte Abgaben/empfangene Subventionen EU
= **Bruttonationaleinkommen (BNE/Inländerkonzept)**
– Abschreibungen
= **Nettonationaleinkommen**
– indirekte Steuern
\+ Subventionen
= **Volkseinkommen**

6.3 Wirtschaftsschwankungen

Die wirtschaftlichen Transaktionen vollziehen sich nie gleichmäßig; sie sind ständigen Veränderungen unterworfen:

- Veränderungen des Angebots
- Veränderungen der Nachfrage
- Veränderungen des Außenhandels
- Einflussnahme des Staates

Konjunkturschwankungen

Konjunkturelle Schwankungen sind mittelfristige, regelmäßig wiederkehrende Schwankungen der Wirtschaftstätigkeit.

Konjunkturindikatoren

Konjunkturindikatoren

Frühindikatoren
- Auftragseingänge
- offene Stellen
- Geldmengenentwicklung

Gegenwartsindikatoren
- reales BIP
- Kapazitätsauslastung
- Import und Export

Spätindikatoren
- Preisentwicklung
- Arbeitslosigkeit
- Lohnentwicklung

Konjunkturphasen

Das Modell des Konjunkturverlaufs unterscheidet vier Phasen:

- Aufschwung (Expansion)
- Boom (Hochkonjunktur)
- Abschwung (Rezession)
- Depression (Tiefstand)

Aufschwung	▪ zunehmende Nachfrage ▪ bessere Auslastung der Kapazitäten ▪ Entlastung des Arbeitsmarktes
Boom	▪ volle Auslastung der Kapazitäten ▪ erhöhte Preissteigerungen ▪ Marktsättigung

Abschwung	■ Nachfragerückgang ■ sinkende Auslastung der Kapazitäten ■ geringere Investitionen
Depression	■ anhaltender Rückgang der Nachfrage ■ geringe Investitionsneigung ■ Preise sinken

Saisonale Schwankungen

Jahreszeitlich bedingte Nachfrageveränderungen (z. B. Sommer-/Winterartikel und/oder Nachfrage nach Arbeitskräften in der Bau-/Landwirtschaft).

Strukturelle Schwankungen

Tiefgreifende, dauerhafte Nachfrageveränderungen, die zu schweren Strukturkrisen führen, z. B. Schiffsbau-/Werftenkrise, Kohle-/Stahlkrise.

6.4 Wirtschaftspolitik

Summe aller staatlichen Maßnahmen, die Wirtschaftsschwankungen so beeinflussen, dass tendenziell ein gesamtwirtschaftliches Gleichgewicht entsteht.

Stabilitätsgesetz

(Gesetz zur Förderung der Stabilität und des Wachstums von 1967)

Die daraus abgeleiteten **Ziele der staatlichen Wirtschaftspolitik** sind:
- **Stabilität des Preisniveaus** (gemessen am Preisindex der Lebenshaltung)
- **hoher Beschäftigungsstand** (gemessen an der Arbeitslosenquote)
- **außenwirtschaftliches Gleichgewicht** (gemessen an der Leistungsbilanz)
- **stetiges und angemessenes Wirtschaftswachstum** (gemessen am BIP)

Weitere (qualitative) Ziele sind:
- gerechte Einkommens- und Vermögensverteilung (soziales Ziel)
- Schutz der Umwelt (ökologisches Ziel)

Konjunkturpolitik

Die Beeinflussung der konjunkturellen Entwicklung erfolgt durch Maßnahmen des Staates (Fiskalpolitik) und der Europäischen Zentralbank (Geldpolitik).

Fiskalpolitik des Staates

Die Fiskalpolitik umfasst alle Maßnahmen, um mithilfe von Veränderungen der Staatseinnahmen und/oder Staatsausgaben bestimmte wirtschaftspolitische Ziele zu erreichen.

Gebiete	*fördernde Wirkung*	*dämpfende Wirkung*
Haushaltspolitik	Erhöhung der Ausgaben	Verringerung der Ausgaben
Steuerpolitik	Senkung der Steuern, erhöhte Abschreibungsmöglichkeiten	Erhöhung der Steuern, verminderte Abschreibungsmöglichkeiten
Subventionspolitik	Erhöhung der Subventionen	Abbau von Subventionen
Sparpolitik	verminderte Anreize zum Sparen	erhöhte Anreize zum Sparen
Zollpolitik	Erhöhung der Importzölle	Senkung der Importzölle

Geldpolitik der Europäischen Zentralbank (EZB)

Vorrangiges Ziel der EZB ist die Sicherung der Preisstabilität innerhalb der Eurozone.

Instrumente der Geldpolitik

Der EZB stehen zur Beeinflussung der Konjunktur folgende geldpolitischen Instrumente zur Verfügung:

Offenmarktgeschäfte	Kauf/Verkauf von Wertpapieren/Devisen
ständige Fazilitäten	Spitzenrefinanzierungs- und Einlagenfazilitäten
Mindestreservepflicht	Verpflichtung der Kreditinstitute, bei der EZB bestimmte Mindestreserven zu halten

Arten der Geldpolitik

Der EZB-Rat entscheidet über die Höhe der Leitzinsen, die Bereitstellung von Zentralbankgeld und die Festlegung von Geldmengenzielen.

Arten der Geldpolitik

Restriktive Geldpolitik

- Erhöhung der Zinsen für Offenmarktgeschäfte und für die Spitzenrefinanzierungsfazilität
- Erhöhung der Zinsen für die Einlagenfazilität
- Verringerung der Refinanzierungsvolumen im Tenderverfahren
- Erhöhung der Mindestreservesätze

Expansive Geldpolitik

- Senkung der Zinsen für Offenmarktgeschäfte und für die Spitzenfinanzierungsfazilität
- Senkung der Zinsen für die Einlagenfazilität
- Vergrößerung der Refinanzierungsvolumen im Tenderverfahren
- Senkung der Mindestreservesätze

Sachwortverzeichnis